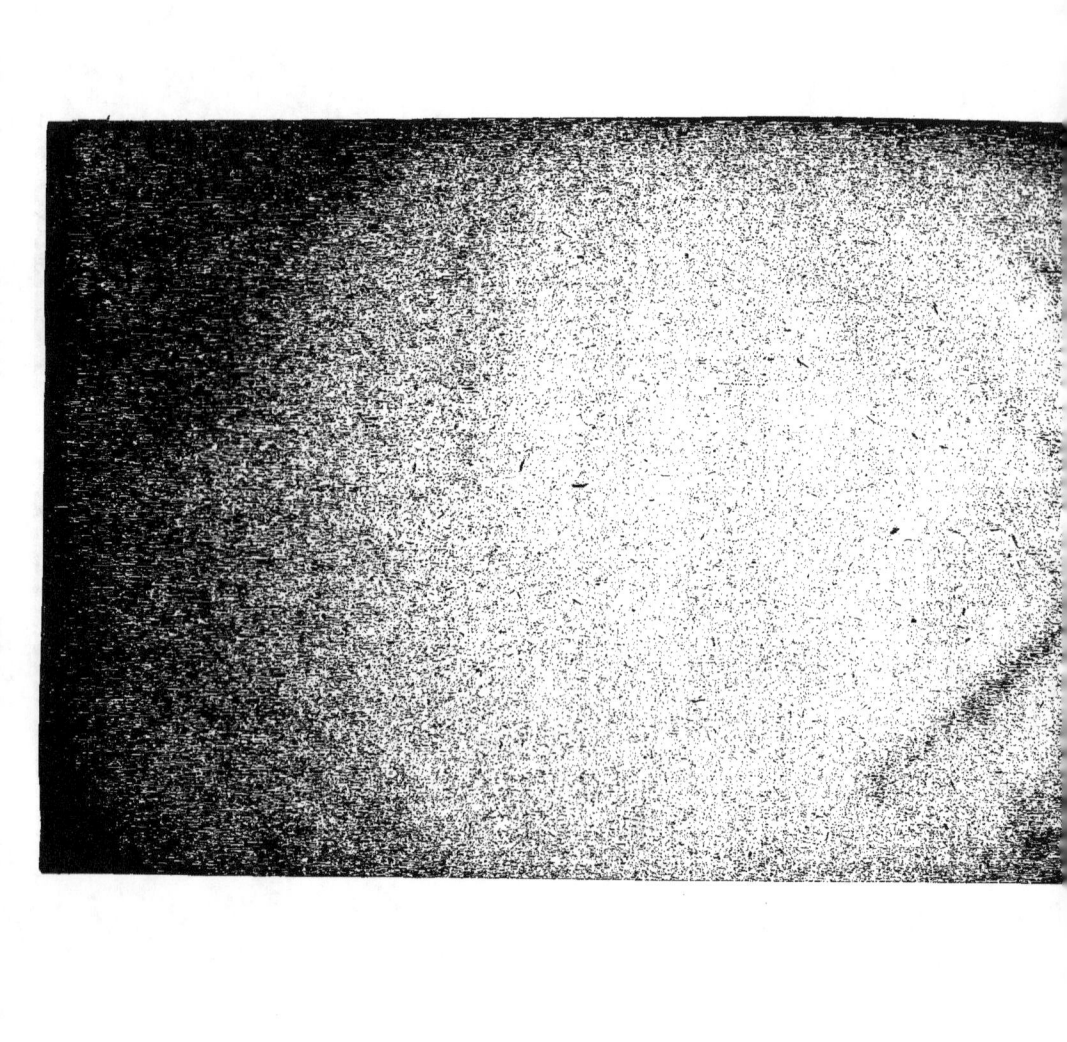

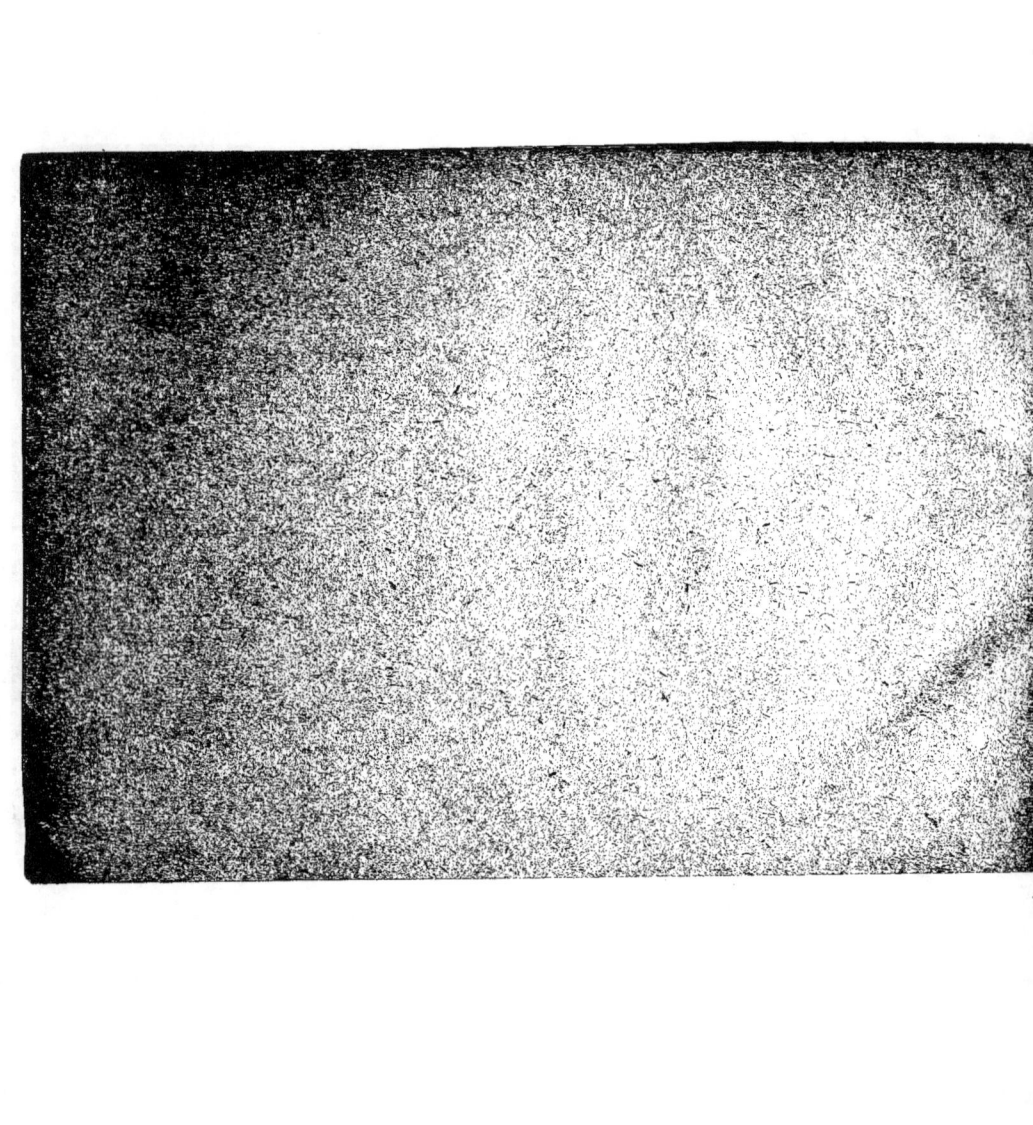

INVENTAIRE
V 33367

INSTRUCTION PRIMAIRE.

ENSEIGNEMENT MUTUEL, SIMULTANÉ ET INDIVIDUEL.

Méthode Naturelle d'Écriture

GRADUÉE PAR LEÇONS ET PAR CLASSES

Et appropriée à l'étude simultanée de la Lecture, de l'Écriture et de l'Orthographe sous dictée;

Par M. Am. DE BRUNET, Sous-Lieutenant au 50.e régiment.

Ouvrage adopté dans plusieurs académies.

THÉORIE.

Principes de méthode : { Du connu à l'inconnu. Du simple au composé. Dumarsais, *Logique*.

PARIS,
CHEZ THOMINE ET SAINTIN, LIBRAIRES, RUE SAINT-JACQUES, 38.
1838.

INSTRUCTION PRIMAIRE.

ENSEIGNEMENT MUTUEL, SIMULTANÉ ET INDIVIDUEL.

Méthode Naturelle d'Écriture,

GRADUÉE PAR LEÇONS, ET PAR CLASSES

Et appropriée à l'étude simultanée de la Lecture, de l'Écriture et de l'Orthographe sous dictée ;

Par M. Am. **DE BRUNET**, Sous-Lieutenant au 50.ᵉ Régiment.

Ouvrage adopté dans plusieurs Académies.

THÉORIE.

Principes de méthode { Du connu à l'inconnu.
Du simple au composé.
Dumarsais. Logique.

BESANÇON,
CHEZ BINTOT, LIBRAIRE, PLACE SAINT-PIERRE.
1837.

Le dépôt a été fait conformément à la loi. Tout exemplaire non revêtu de la signature sera réputé contrefait.

Am. de Brunet

Rennes, impr. d'Amb. JAUSIONS.

AVERTISSEMENT.

Cette Méthode, disposée pour marcher simultanément avec notre Méthode naturelle de Lecture et Orthographe, et par conséquent spécialement appropriée aux élèves qui ne savent encore ni lire ni écrire, peut néanmoins être employée avec le même succès : 1.° auprès des élèves qui, sachant lire et n'ayant reçu aucun principe d'écriture, doivent apprendre à écrire et à orthographier ;
2.° Auprès des élèves qui, sachant lire, doivent seulement apprendre à écrire ;
3.° Auprès des élèves dont on veut perfectionner l'écriture.
Dans le premier cas, nous conseillons au maître de se servir de notre Manuel de Lecture et d'Orthographe, et de procéder comme si l'élève commençait en même temps à lire.
Dans le deuxième cas, on supprimera seulement le troisième procédé, qui est celui de la dictée orthographique, et l'on s'appesantira davantage sur les exercices du deuxième.
Dans le troisième cas, on peut commencer à la 3.ᵉ leçon, et agir ensuite comme dans le deuxième cas.

Les matières de ce cahier ont été distribuées de manière à pouvoir être séparées par classes en le décousant.

EXPOSÉ
DE LA MÉTHODE NATURELLE D'ÉCRITURE.

Enchaînée, comme la lecture, au pilori de la routine, l'écriture n'a pu se dégager encore des entraves où la retient depuis long-temps un charlatanisme méprisable et souvent un pédantisme ridicule. Ici, végétant sur des principes qui n'ont d'autre but que de prolonger les mois d'école ; là, soumis à une série monotone d'exercices dont ils sont incapables de prévoir ou de comprendre le but et l'utilité, les élèves n'éprouvent dans leur travail que dégoût et ennui ; d'un côté, la paresse secondée par le calque ou la ligature des doigts, ne laisse rien au développement de l'intelligence ; de l'autre, une imitation servile et fatigante fait perdre un temps précieux que la dictée orthographique remplirait avec avantage ; partout enfin, dépenses inutiles et exagérées pour les familles.

Occupé depuis long-temps à rechercher tous les moyens capables d'abréger et de simplifier l'instruction, nous avons dû examiner avec le plus grand soin chacune des méthodes publiées jusqu'à ce jour et faire l'expérience de celles qui nous ont paru renfermer le plus de vues utiles. Quelques auteurs, recommandables sans doute, ont cherché à ramener l'étude de l'écriture à des procédés plus simples, plus prompts et plus faciles ; mais si nous nous plaisons à leur rendre ici l'hommage qui leur est dû et à reconnaître dans leurs ouvrages les qualités qui les rendent supérieurs aux autres, nous sommes aussi forcé de convenir que, pour être applicables à l'enseignement des écoles, aucune de ces méthodes ne réunit les conditions d'ordre et de classification qui doit en former la base, ou enfin d'économie, dont l'intérêt général doit nous rendre si jaloux.

Ce n'est point assez qu'une méthode d'écriture procure les moyens d'arriver promptement à la perfection ou satisfasse la raison par la gradation ménagée de ses difficultés. Indépendamment de ces deux conditions inséparables, il faut encore que dans cette méthode l'intelligence de l'élève trouve à s'exercer autant que sa main ; que, lui offrant un attrait chaque jour croissant et une cause d'émulation dans le témoignage certain de son travail et de ses progrès, l'écriture, loin de le rebuter par des lenteurs et d'arides combinaisons, devienne au contraire pour lui une source de jouissances continuelles. Il faut en un mot que l'élève se trouve placé dans des circonstances telles, qu'ainsi que nous l'avons défini dans l'exposé philosophique de notre méthode de lecture, le maître ne soit jamais pour lui qu'un instrument d'exhortation, d'encouragement et de surveillance.

On procède généralement de deux manières dans l'enseignement de l'écriture : par le calque ou par l'imitation.

Introduit pour éviter aux élèves les ennuis d'un long noviciat, le calque par transparent ou par autographie, enchaîne la main de l'élève et la roidit en nuisant à la liberté de ses mouvements. Dans la prévoyance du reproche qui leur serait adressé, quelques auteurs ont adopté le moyen mixte du calque et de l'imitation; mais si l'on daigne observer que l'écriture n'est autre chose qu'une application partielle des règles du dessin, et qu'il n'existe pas un maître dans cet art qui, pour apprendre à ses élèves à tracer correctement les contours d'un œil, d'un nez et d'une bouche, les leur fasse primitivement calquer, ne demeure-t-on pas bientôt convaincu que ces divers procédés sont vicieux et incompatibles avec le progrès qui se manifeste de toutes parts dans l'instruction élémentaire?

Si les éléments de l'écriture variaient comme les tableaux qu'offre la nature aux yeux du peintre, nous concevrions aussi qu'une imitation prolongée des traits et des combinaisons des meilleurs maîtres pût être utile, mais il n'en est pas ainsi. Soumise à un petit nombre de règles invariables, simples et constantes, l'écriture, telle qu'on l'adopte généralement en France, se trouve renfermée dans un cercle d'éléments fort restreint, et dont la connaissance est, pour ainsi dire, chez l'homme instinctive et innée.

Tracer d'après une dimension donnée des lignes droites, des courbes et des cercles; voilà tout le mystère de l'écriture. Pourquoi donc, lorsque les besoins journaliers n'exigent que l'écriture fine et qu'il est possible d'assouplir et de délier les doigts par une série d'exercices bien coordonnés, laisser croupir les élèves pendant des années entières sur des barres, des pleins et l'écriture en gros? Pourquoi les soumettre à la reproduction fastidieuse de ces exemples insignifiants qu'ils peuvent à peine lire, et de ces mille assemblages bizarres surchargés de traits inutiles, qu'ils ne peuvent exécuter, lorsque par une dictée lente et bien articulée, il est tout à la fois si facile de satisfaire l'impatience naturelle aux commençants, de perfectionner progressivement leurs essais imparfaits, de développer leur intelligence et de les initier aux règles de l'orthographe.

Si les principes sur lesquels reposent la généralité des méthodes d'écriture doivent, d'après les motifs qui viennent d'en être déduits, nous paraître vicieux, combien notre jugement, quelque sévère qu'il soit, sera-t-il fondé si nous examinons maintenant leurs résultats. Certains élèves réussissent peut-être à faire bien une page en écrivant lentement; mais lorsqu'on veut les faire écrire sous la dictée, la grâce disparaît, l'écriture est tremblante, quelquefois peu lisible, et l'on reconnaît à peine la plume qui peignait si bien. Ce n'est cependant pas pour faire élégamment ce qu'on appelle une page d'apparat que l'on s'exerce. Les élèves ne doivent pas s'appesantir sur une lettre et y rester long-temps; on veut qu'ils écrivent couramment, assez vite, d'une manière lisible et qui plaise à l'œil, en un mot, qu'ils possèdent une écriture simple, élégante, et rapide.

User le temps, la patience et la volonté des élèves, voilà ce que produit la routine, pour atteindre le but. Rejetons donc sans scrupule comme sans regret, tous les procédés qu'elle emploie. Que l'intelligence s'affranchisse des lisières que lui imposent l'ignorance et le charlatanisme, que l'homme comprenne enfin que deux heures lui suffisent pour savoir tracer, aussi lisiblement que l'exigent les premiers besoins de la société, chacun des caractères alphabétiques. La vitesse s'acquiert par l'habitude, la régularité par l'étude constamment répétée de chaque lettre en particulier, et la perfection par des exercices propres à rendre les doigts plus flexibles et la main plus assurée.

D'après les considérations qui précèdent, nous avons donc été naturellement conduit à adopter, pour notre système, la classification suivante :

| 1.re Classe | Écriture élémentaire. | 5.e Classe | Écriture dite calligraphie. |
| 2.e, 3.e et 4.e Classe | Écriture expédiée. | 6.e Classe | Écriture d'ornement. |

La même précision, la même correction exigée dans les compositions littéraires constituent également, dit un auteur, l'une des principales qualités de l'écriture. Les ornements qui embellissent les premières doivent être aussi semés dans les secondes, et ils résultent de la symétrie, de la justesse des proportions, enfin du dernier degré d'exactitude dont l'art est capable. Si nous avons avancé plus haut que la connaissance des éléments alphabétiques était, pour ainsi dire, chez l'homme, instinctive et innée, nous n'oserions avancer avec la même confiance que le sentiment des beautés de l'art calligraphique lui soit également dévolu. La correction et la perfection sont d'ailleurs soumises à certaines règles qui repoussent toute forme, toute distance et toute dimension arbitraires, et il importe de les faire connaître progressivement aux élèves.

Ces règles, placées sous le titre de définitions, constituent le premier procédé de chacune de nos leçons. Le maître, pour en rendre l'intelligence plus facile et plus sûre, a soin de joindre toujours la pratique à la théorie.

Considérant que les mouvements uniformes sont aussi les plus rapides, nous avons adopté pour base de toute l'écriture, selon que les doigts ont besoin de s'allonger ou de se replier, de marcher vers la droite ou de rétrograder vers la gauche, un mouvement de va-et-vient uniforme dont l'exécution saccadée par temps, comme les oscillations d'un balancier, s'accélère au fur et à mesure que l'élève est plus familiarisé avec les éléments radicaux. Par ce moyen, il ne tâtonne plus, et l'on ne saurait croire combien cette précaution fait acquérir à sa main de hardiesse, de fermeté, et combien elle hâte ses progrès. De la simplicité des lettres dépendant aussi leur prompte exécution, et toutes celles qui entrent dans la composition d'un mot, devant être liées ensemble comme les éléments de la parole dans la prononciation, nous avons élagué du corps d'écriture tous les caractères qui ne remplissaient pas ces deux conditions importantes. À l'aide de ce principe, les élèves peuvent écrire couramment tous les mots, sans s'arrêter pour pointer un *i*, accentuer un *e*, ou barrer un *t*.

Les divers exercices qui tendent à donner à la main la fermeté, l'élégance ou la correction constituent le deuxième procédé de chaque leçon.

Depuis long-temps on a senti la nécessité de faire marcher l'étude de l'écriture, et de l'orthographe de front avec celle de la lecture; mais il n'a pas encore été possible de coordonner l'étude de ces trois connaissances d'une manière assez régulière pour qu'elles pussent se prêter un véritable et mutuel appui. Instruit par l'expérience des immenses résultats que l'on obtient de la simultanéité de ces trois enseignements, nous avons adopté pour l'écriture la même progression de leçons que pour la lecture, et l'élève, passant ainsi tour-à-tour des éléments aux syllabes et des syllabes aux mots, est successivement initié aux règles orthographiques qui les gouvernent.

Les dictées qui constituent le troisième procédé de chaque leçon nous ont semblé le moyen le plus propre à exercer à ce sujet l'intelligence et à donner l'idée la plus exacte de l'écriture.

Une des conditions importantes d'une bonne méthode, avons-nous dit en commençant cet exposé, doit être aussi celle de l'économie. A considérer le développement emphatique de toutes les combinaisons sur lesquelles nos calligraphes modernes s'étendent si complaisamment dans de volumineux cahiers, il est aisé de s'apercevoir que l'intérêt personnel a souvent pris la place de la philantropie. Pour nous, étranger à toutes ces spéculations sur la confiance publique, nous abandonnons à la sagacité de Messieurs les Instituteurs le choix des combinaisons infinies qui peuvent être nécessaires, soit pour perfectionner une lettre vicieuse, obtenir des liaisons plus pures, une pente plus régulière, une direction plus horizontale, soit pour corriger les diverses positions de la main, du poignet ou du corps. Voici les moyens que nous leur indiquons pour arriver à ce but par des voies beaucoup plus économiques.

Le sentiment qui nuit le plus à la rapidité des progrès, c'est la peur, autrement dit la crainte de mal faire. Or la facilité d'effacer et de recommencer aussitôt ce que l'on a mal exécuté, inspirant une grande confiance aux élèves, il est à présumer que c'est autant à cette considération qu'est due l'introduction des ardoises dans les écoles, qu'à celle d'éviter ces premières dépenses de papier si coûteuses pour les familles. Loin de blâmer leur emploi, nous le recommandons, au contraire, dans toutes les classes, pour l'exécution du deuxième procédé; mais l'usage du crayon d'ardoises faisant acquérir à la main de l'élève une pesanteur et une raideur difficile à détruire lorsqu'il le quitte pour prendre la plume, nous avons imaginé de lui substituer la plume elle-même. L'ardoise étant un peu grainée, l'on écrit pour le moins aussi bien que sur le papier, et des plumes d'oies presqu'usées suffisent pour les exercices calligraphiques prescrits dans les différentes leçons.

Si l'on se sert d'encre composée de noix de galle et de sulfate de fer, il faut éviter de la laisser sécher sur l'ardoise, attendu que l'on efface difficilement les caractères secs qui y sont empreints. Nous conseillons de remplacer l'encre par l'eau gommée. L'ardoise humide devient spongieuse; il faut aussi, avant de recommencer à écrire sur le côté effacé, lui donner le temps de sécher. Pour cela, on retourne l'ardoise et on écrit sur le côté opposé.

La dictée orthographique pourrait à la rigueur se faire sur l'ardoise; mais dans le but d'exciter l'émulation des élèves, de la captiver et la soutenir, nous croyons préférable de les faire écrire sur un cahier tracé et préparé à l'avance, et que nous nommons cahier de résultat. Leurs progrès peuvent être ainsi constatés à chaque leçon, et d'ailleurs il suffit d'une demi-main de papier au plus pour les parcourir toutes.

Si nous prescrivons de tracer des cahiers, ce n'est pas que nous approuvions complètement ce moyen mécanique d'arriver à une direction parfaitement horizontale; mais pour que les élèves saisissent mieux les proportions qui doivent exister entre les lettres courtes et les lettres longues, et leur inspirer de bonne heure le goût de la symétrie, on peut recourir à cet expédient pour les premières leçons.

L'emploi des ardoises que nous recommandons, parce qu'en général les écoles en sont déjà munies, n'exclut pas celui d'une petite feuille de carton noir bien collé et satiné, dont quelques personnes font usage pour s'exercer à la formation des majuscules. L'ardoise se casse facilement, et son maniement est susceptible de troubler le silence de l'école; le carton au contraire peut tomber sans se casser, n'occasionne aucun bruit et serait encore moins coûteux. Enfin pour éviter la taille fréquente des plumes, on peut faire usage des plumes métalliques pour la dictée.

Avant de terminer cet exposé, nous croyons devoir prévenir nos lecteurs que les principes émis dans tout le cours de cet ouvrage, loin d'être basés sur une vaine théorie, sont au contraire le résultat d'expériences nombreuses. Soumis à l'examen de toutes les personnes dont l'intérêt public nous faisait un devoir de consulter les lumières, ils ont été l'objet d'unanimes et complètes approbations. Simplifier, abréger l'instruction, tel est le but que nous nous sommes proposé, tout en cherchant à procéder par les voies les plus logiques et les plus rationnelles. Serons-nous plus heureux que nos devanciers, et pourrons-nous nous flatter d'avoir frappé au cœur la routine et le charlatanisme? Reste au public, dans l'intérêt duquel nous avons travaillé, le soin de juger maintenant cette question importante.

Nota. Les différents rapports qui concernent la Méthode naturelle sont consignés dans le Manuel de lecture et orthographe à l'usage des instituteurs.

OBSERVATIONS RELATIVES A LA PLUME.

Choix des Plumes.

Pour l'écriture expédiée et calligraphique, les plumes flexibles sont celles que l'on doit préférer; le tuyau en étant mince, on obtient plus facilement des pleins moelleux et des liaisons pures et fines, conditions que ne présenteraient pas les plumes fortes et épaisses. Le tuyau de la plume doit être rond et clair, afin qu'elle puisse se fendre bien nettement.

Taille de la plume pour l'écriture expédiée et calligraphique.

On distingue dans la plume le dos, le ventre et les hanches.

La taille de la plume s'opère en huit mouvements. Placez-la entre le pouce et les deux premiers doigts de la main gauche; puis, tenant le canif de la main droite, placez le pouce de cette main sous le ventre de la plume, et les doigts faisant seuls mouvoir le canif, comptez *un* pour découvrir le ventre de la plume. Retournez et comptez *deux* pour découvrir le dos. Introduisez la lame du canif dans le tuyau, le dos du canif appuyé contre le ventre de la plume. Comptez *trois* en faisant une légère fente et en soulevant un peu. Appuyez le pouce de la main gauche sur le dos, à la hauteur de la fente que vous voulez donner à la plume. Cette précaution sert à éviter qu'elle ne se fende trop.

Introduisez dans le tuyau le manche ou poinçon du canif et comptez *quatre*, en soulevant avec précaution pour opérer la fente.

La plume doit être fendue selon la grosseur que l'on se propose de donner aux pleins. Comptez *cinq* en découvrant la hanche droite jusqu'à la hauteur de la fente pour former un des côtés du bec de la plume que vous réduirez en même temps à sa plus grande finesse. Retournez la plume et comptez *six* en opérant de la même manière pour la hanche gauche; comptez *sept* en faisant sur le ventre une entaille double de la fente. Tournez la plume du côté du dos et appuyez le bec de la plume sur l'ongle du pouce. Puis, tenant le canif le dos de la lame un peu incliné vers le corps et la pointe vis-à-vis l'épaule gauche, comptez *huit* en coupant nettement, et de manière que le côté droit, celui qui se trouve en écrivant contre le doigt majeur, soit un peu plus long que le gauche.

Taille de la plume pour l'écriture ronde ou gothique.

Les quatre premiers mouvements de la taille de la plume pour les écritures ronde et gothique sont les mêmes que pour les écritures expédiée et calligraphique. Aux cinquième et sixième mouvements, découvrez les hanches droite et gauche en réduisant également les deux becs de la plume, selon la grosseur que vous vous proposez de donner à l'écriture; puis, tenant le canif de manière que le bout du manche soit plus rapproché du corps que la lame, comptez *sept* en coupant nettement et de manière que le côté gauche, celui qui se trouve contre le pouce en écrivant, soit un peu plus long que le droit.

Procédés pour toutes les Leçons.

Après le temps consacré à la lecture, le signal ayant été donné pour passer à l'écriture, les élèves restent au demi-cercle. Chaque classe est munie d'un tableau noir comme pour l'arithmétique. Le maître place en haut de ce tableau l'exemple de la leçon, (chaque leçon commence toujours par la répétition des règles apprises dans les leçons précédentes, quelques exercices servent à les appliquer.)

Premier Procédé. Le maître donne les définitions de la leçon, et a soin d'exécuter lui-même, avec de la craie, sur le tableau, les exercices dont il développe le principe; les élèves sont ensuite interrogés à tour de rôle. Les définitions elles-mêmes servent de réponse aux questions adressées; le maître se contente des expressions de l'élève, pourvu qu'elles soient justes. Il s'assure que ses explications ont été parfaitement comprises en faisant exécuter sur le tableau, par l'élève interrogé, les exercices étudiés.

Deuxième Procédé. Les élèves, à un signal donné, rentrent tous dans les bancs; ils exécutent sur l'ardoise ou le carton les exercices de la leçon. Chacun d'eux est muni d'un exemple; on peut, à la rigueur, n'en avoir qu'un pour deux ou encore un pour trois.

Troisième Procédé. — Dictées Orthographiques. — Les dictées se font par série de cinq éléments, syllabes, ou mots. Avant d'écrire le mot dicté, un élève désigné le décompose d'après le troisième procédé du tableau de lecture, correspondant à la leçon. Ce mot étant écrit, un autre élève le lit sur son cahier.

Le Maître se sert pour les dictées, d'un manuel d'élèves ou d'instituteur.

Une leçon est consacrée comme dans la lecture à la répétition des règles apprises dans les cinq leçons de chaque classe. La moitié de la leçon doit être consacrée aux deux premiers procédés, l'autre moitié au troisième.

Corrections.

Pendant que les élèves écrivent, le maître adresse à ceux qui se négligent, les observations nécessaires pour rectifier la position du corps, la tenue de la plume, la position des doigts, celle de la main, du poignet ou du bras.

Après chaque dictée, le maître passe derrière les élèves et les exhorte à apprécier eux-mêmes leur travail, en vérifiant s'il est conforme au modèle donné, quant à l'écriture, et aux principes prescrits, quant à l'orthographe. L'alphabet placé au bas de chaque exemple leur sert de terme de comparaison. Le maître ne blâme point, ne prescrit rien, questionne et engage à refaire ce dont l'élève aurait reconnu lui-même le défaut ou l'imperfection. Il s'arrête peu sur certaines défectuosités qui d paraîtront sans effort par l'habitude d'écrire. Les corrections ont toujours lieu pour trois élèves à la fois (un entre deux on change toujours à chaque dictée.

Si dans l'orthographe d'un mot, un élève avait omis ou transposé quelque lettre, on lui fera lire ce mot tel qu'il l'a écr afin de lui faire comprendre que ce mot n'a aucune signification, ou n'est pas l'image du mot dicté.

EXERCICE PRÉLIMINAIRE POUR LES ÉLÈVES
Qui apprennent à lire d'après la Méthode Naturelle.

En procédant du connu à l'inconnu, du simple au composé, comme nous l'avons fait dans notre méthode de lecture, no n'avons pas seulement fourni à l'élève le moyen d'arriver promptement à la connaissance des éléments de l'alphabet, mais n lui avons encore donné celui d'arriver immédiatement à leur reproduction graphique. En effet, dans la lecture, une voye ou une consonne vient-elle frapper ses regards, cette voyelle ou cette consonne rappelle aussitôt la figure mnémotechniqu terme de comparaison, et par conséquent le nom de la lettre.

Pour l'écriture, un son vient-il frapper son oreille, le nom du signe dont il est l'initial se présente aussitôt à la pensée. ce nom, il est naturellement conduit au souvenir de la forme du signe et conséquemment à celle de la lettre.

D'après ce qui précède, le maître peut donc émettre un son ou articuler un mouvement et interroger l'élève sur la figu que ce son ou ce mouvement doit lui rappeler; il l'engage ensuite à en exécuter le dessin sans modèle et par la seule fo de ses souvenirs.

Cette première exécution présentera sans doute de la difficulté, mais le moindre effort de la volonté suffit, et ce travail d le but principal est d'exercer l'intelligence et de graver en caractères plus durables, dans la mémoire de l'élève, le souven de la figure mnémotechnique qui lui est d'un si grand secours pour la lecture. Il serait encore possible, en employant procédé, d'arriver à donner aux lettres les proportions conventionnelles. Ainsi par exemple, on peut faire remarquer à l'élè que pour le *b*, les plateaux de la balance, tombant sur la ligne, le fléau dépasse nécessairement la ligne supérieure corps d'écriture. Pour le *p* que la pomme était attachée au haut de la branche, cette branche dépasse la ligne inférieure

I.ʳᵉ CLASSE. — ÉCRITURE ÉLÉMENTAIRE.
1.ʳᵉ LEÇON.
Notions préliminaires.

D. Qu'entend-on par le mot *ellipse* ? — R. On appelle *ellipse* la figure que l'on nomme vulgairement *ovale*.

D. Qu'entend-on par *lignes parallèles* ? — R. On appelle *lignes parallèles* deux lignes également distantes l'une de l'autre.

D. Qu'entend-on par *ligne horizontale* ? — R. On appelle *ligne horizontale* une ligne parallèle à l'horizon.

D. Qu'est-ce que *l'horizon* ? — R. On appelle *horizon* l'endroit où se termine notre vue, et où le ciel et la terre semblent se toucher.

D. Qu'entend-on par *ligne perpendiculaire* ? — R. On appelle *ligne perpendiculaire* une ligne qui en remontre une autre sans pencher à droite ni à gauche.

D. Qu'est-ce qu'un *angle* ? — R. On appelle *angle* l'ouverture entre deux lignes qui se rencontrent.

D. Dans quel cas l'angle est-il *droit* ? — R. Quand les deux lignes sont perpendiculaires l'angle est ce qu'on appelle *droit*.

D. Comment nomme-t-on le premier doigt de la main ? — R. Le premier doigt de la main après le pouce se nomme *index*, parce qu'il sert à indiquer.

D. Comment nomme-t-on le deuxième doigt ? — R. Le deuxième doigt se nomme *majeur*, parce qu'il est plus grand que les autres.

D. Qu'entend-on par le mot *phalange* ? — R. On appelle *phalanges* les os qui composent les doigts de la main.

Dans le but de ne pas trop partager l'attention des élèves, on se bornera d'abord à la position de la main, du poignet, du bras et de la plume, indiquée ci-dessous. Le maître mettra sous les yeux des élèves le dessin relatif à cette position.

Position de la main et de la plume.

D. Quelle doit être la position du bras, de la main, des doigts et de la plume ? — R. Appuyez le milieu de l'avant-bras droit sur la table, de manière à ce qu'il forme un angle droit avec le bord intérieur, baissez le coude pour élever le poignet d'environ un pouce, laissez tomber la main morte sans roideur, la paume tournée vers la surface de la table, courbez intérieurement les deux derniers doigts qui servent de second point d'appui ; l'extrémité du pouce vis-à-vis le milieu de la première phalange de l'index, la plume entre les trois premiers doigts ; dépassant le majeur d'environ six lignes, son extrémité supérieure vis-à-vis l'épaule droite.

Exemple n.° 1.

1.er PROCÉDÉ (*au tableau*).

DÉFINITIONS.

D. Que renferme l'exemple n.° 1 ?
R. L'exemple n.° 1 renferme les éléments radicaux de l'écriture.

D. Comment nomme-t-on le 1.er élément ?
R. Le premier de ces éléments se nomme *ellipse directe*, parce que, dans son exécution, il faut marcher de droite en remontant, à gauche en descendant.

D. Comment nomme-t-on le 2.e élément ?
R. Le second élément se nomme *ellipse inverse*, parce que, dans son exécution, il faut marcher de gauche en remontant, à droite en descendant.

D. Que faut-il faire pour arriver à une exécution facile et prompte de ces ellipses ?
R. Pour arriver à une exécution facile et prompte de chacune de ces ellipses, il faut les saccader par mouvements, de cette manière : comptez *un* pour remonter en allongeant les doigts, *deux* pour descendre en les pliant, *trois* pour remonter. Ces mouvements doivent être exécutés hardiment et sans tâtonner.

Dans le but de mieux faire comprendre ce mécanisme aux élèves, le maître pourra le comparer aux oscillations du balancier d'une horloge.

D. Quelle doit être la largeur de l'ellipse ?
R. La largeur de l'ellipse doit être la moitié de sa hauteur.

D. Qu'indique le point placé en tête de chaque élément ?
R. Le point placé en tête de chaque élément indique le point de départ pour l'exécution.

D. Qu'obtient-on en partageant l'ellipse directe ?
R. En partageant horizontalement l'ellipse directe, on obtient comme dérivées.... { 1.° la demi-ellipse supérieure directe. 2.° la demi-ellipse inférieure directe.

D. Qu'obtient-on en partageant l'ellipse inverse ?
R. En partageant horizontalement l'ellipse inverse, on obtient comme dérivées.... { 1.° la demi-ellipse supérieure inverse. 2.° la demi-ellipse inférieure inverse.

D. Comment nomme-t-on les parties droites de ces demi-ellipses ?
R. Les parties droites de ces demi-ellipses se nomment en général *jambages*.

D. Qu'obtient-on en réunissant la demi-ellipse supérieure directe et la demi-ellipse inférieure inverse ?
R. En réunissant la demi-ellipse supérieure directe avec la demi-ellipse inférieure inverse, on obtient comme dérivé le jambage composé direct.

D. Qu'obtient-on en réunissant la demi-ellipse supérieure inverse et la demi-ellipse inférieure directe ?
R. En réunissant la demi-ellipse supérieure inverse avec la demi-ellipse inférieure directe, on obtient comme dérivé le jambage composé inverse.

2.ᵐᵉ Procédé. (*Dans les bancs*). Au signal donné les élèves tracent les éléments de la première ligne, sur une échelle de neuf lignes, qui est celle de l'exemple.
3.ᵐᵉ Procédé. Le maître dicte les éléments de la seconde ligne, 1.º sur une échelle moitié de la première; 2.º sur une échelle moitié de la seconde.

II.ᵐᵉ LEÇON. — Exemple n.º 2.

DÉFINITIONS.

1.ᵉʳ Procédé (*au tableau*).

D. Que renferme l'exemple n.º 2 ? — *R.* L'ex. n.º 2 renferme l'alphabet italique servant de terme de comparaison à l'alphabet manuscrit, placé au-dessous, divisé d'abord par éléments et ensuite non divisé.

D. La connaissance des éléments radicaux et de leurs dérivés suffit-elle pour former toutes les lettres ? — *R.* A l'aide des éléments radicaux et de leurs dérivés, on peut former toutes les lettres qui constituent l'écriture, mais il importe de faire, sur l'alphabet en général, quelques observations.

D. Toutes les lettres sont-elles de même dimension ? — *R.* Toutes les lettres ne sont pas de même dimension : il y en a de courtes et de longues.

D. Quelles sont les lettres courtes ? — *R.* Les lettres courtes sont : $i, e, u, o, a, m, v, n, r, c, x, s, x$.

D. Quelles sont les lettres longues ? — *R.* Les lettres longues sont : $f, b, p, l, d, t, j, g, q, k, h, y$.

D. Qu'entend-on par corps d'écriture ? — *R.* Les lettres courtes constituent ce que l'on nomme le *corps* de l'écriture.

D. Que remarque-t-on dans les lettres longues ? — *R.* On doit remarquer que, parmi les lettres longues, il en est qui dépassent la ligne supérieure du corps d'écriture, et d'autres la ligne inférieure.

D. Quelles sont les lettres qui dépassent la ligne supérieure du corps d'écriture ? — *R.* Les lettres qui dépassent la ligne supérieure, sont : f, b, l, d, t, k, h.

D. Quelles sont les lettres qui dépassent la ligne inférieure du corps d'écriture ? — *R.* Les lettres qui dépassent la ligne inférieure, sont : f, p, j, g, q, y.

D. De quelle dimension les lettres longues dépassent-elles les lettres courtes ? — *R.* Les lettres longues dépassent les lettres courtes de la hauteur d'un corps d'écriture.

Après avoir ainsi parcouru, en les voyant, les diverses catégories auxquelles appartiennent les lettres de l'alphabet, il n'y aura pour les élèves nulle difficulté à les nommer de mémoire, si l'on veut procéder méthodiquement, c'est-à-dire commencer par les voyelles, et prendre successivement les consonnes labiales, linguales, palatales et sifflantes.

Les observations ci-dessus sont de la plus grande utilité afin d'habituer dès le principe les élèves à donner aux lettres les proportions voulues. Une d'elles, en effet, se trouve-t-elle placée au commencement de la ligne, cette lettre doit servir de guide pour les suivantes.

(16)

Analyse raisonnée de chaque lettre alphabétique.

D. Comment forme-t-on la lettre

1.re SÉRIE.

Sons.

2.e SÉRIE.

Consonnes labiales.

3.e SÉRIE.

Consonnes linguales.

4.e SÉRIE.

Consonnes palatales.

5.e SÉRIE.

Consonnes sifflantes.

R. **i** se forme par la demi-ellipse inférieure directe surmontée d'un point.
y grec se forme par le jambage composé inverse et la demi-ellipse inférieure inverse.
e se forme par la demi-ellipse supérieure directe.
u se forme par deux demi-ellipses inférieures directes.
o se forme par l'ellipse directe.
a se forme par l'ellipse directe et la demi-ellipse inférieure directe.
m se forme par deux demi-ellipses supérieures inverses et le jambage composé inver
v se forme par le jambage composé inverse.
f se forme par la demi-ellipse supérieure directe traversée d'une petite barre.
b se forme par la demi-ellipse inférieure directe, fermée en o à moitié de sa hauteur
p se forme par la demi-ellipse supérieure inverse et l'ellipse inverse.
n se forme par la demi-ellipse supérieure inverse et le jambage composé inverse.
r se forme par deux demi-ellipses inférieures directes; la 1.re n'est que le tiers de la
l se forme par la demi-ellipse inférieure directe.
d se forme par l'ellipse directe et la demi-ellipse inférieure directe.
t se forme par la demi-ellipse inférieure directe traversée d'une petite barre. La l
teur de cette lettre n'est que d'un corps et demi.
j se forme par la demi-ellipse inférieure inverse surmontée d'un point.
g se forme par l'ellipse directe et la demi-ellipse inférieure inverse.
c se forme par l'ellipse directe.
q se forme par l'ellipse directe et la demi-ellipse inférieure directe.
k se forme par la demi-ellipse supérieure directe, la demi-ellipse supérieure invers
le jambage composé inverse.
z se forme par le jambage composé inverse, la ligne droite oblique et le jambage c
posé inverse.
s se forme par le jambage composé direct, dont on retranche la partie supé.re de dr
x se forme par l'ellipse inverse et l'ellipse directe.
h se forme par la demi-ellipse supérieure directe et le jambage composé inverse.

D. Quel doit-être l'intervalle entre chaque élément d'une lettre ?	*R.* L'intervalle qui doit exister entre les éléments d'une lettre, doit être en général de la moitié de la hauteur du corps d'écriture.
D. Où doit-on commencer quand on veut écrire et quelle direction doit-on suivre ?	*R.* Quand on écrit, on commence au haut de la page du côté gauche, et l'on continue en se dirigeant toujours vers la droite, et en observant de suivre une ligne exactement parallèle avec celle que forme le bord extérieur du haut du cahier.

2.ᵉ Procédé (*dans les bancs*). Les élèves tracent d'après la dimension de l'exemple et par imitation les lettres de l'alphabet.

3.ᵉ Procédé. Dictée des lettres.

III.ᵐᵉ LEÇON. — Exemple n.º 3.

1.ᵉʳ Procédé (*au tableau*).   *DÉFINITIONS.*

D. Que représente l'exemple n.º 3 ?	*R.* La première ligne de l'exemple n.º 3 représente une série d'ellipses directes exécutées par un mouvement continu, en revenant plusieurs fois sur le même contour.
D. Quel est le but de l'exemple n.º 3 ?	*R.* Cet exercice a pour but de faire acquérir aux doigts la flexibilité nécessaire à une formation hardie et régulière des éléments des lettres dérivant de l'ellipse directe, et de faciliter la bonne tenue de la plume sans laquelle il est impossible de donner à l'écriture l'obliquité ou pente nécessaire.
D. Comment doivent poser sur le papier les deux parties du bec de la plume ?	*R.* Les deux parties du bec de la plume doivent poser également sur le papier pour empêcher les éclaboussures.
D. Que remarque-t-on à chaque ellipse ?	*R.* On doit remarquer que chaque ellipse est exécutée autour d'une ligne droite oblique.
D. A quoi sert la ligne oblique autour de laquelle est tracée l'ellipse ?	*R.* Cette ligne sert à déterminer la pente que l'on veut donner à l'ellipse.

Observation. — La pente de cette ligne est celle d'une diagonale dont l'extrémité supérieure partant de l'angle de droite, pris au quart d'un carré parfait, irait aboutir à l'angle de gauche. On peut faire outrer cette pente, afin de prévenir le défaut qu'ont en général les commençants de renverser leur écriture à gauche.

Les élèves doivent compter *un* pour remonter, *deux* pour descendre, et ainsi de suite en recommençant sans s'arrêter. L'exécution de ce mouvement devra être d'autant plus accélérée, que l'élève y sera plus familiarisé.

2.° Procédé (*dans les bancs*). Tracé des ellipses directes continues.
3.° Procédé. Dictée des quatre espèces de syllabes étudiées dans la leçon de lecture. *ANALYSES.*

D. 1. Quelle doit être la distance à observer entre les lettres d'une même syllabe ? — R. La distance entre les lettres d'une même syllabe doit être d'un demi-corps d'écriture.
D. 2. Que doit-on encore observer entre les lettres d'une même syllabe ? — R. Toutes les lettres d'une même syllabe doivent être liées les unes aux autres.
D. 3. Comment peut-on lier les lettres les unes aux autres ? — R. Il suffit, pour lier les lettres les unes aux autres, de joindre le dernier mouvement qui a servi à la formation d'une lettre au mouvement qui commence la lettre suivante.
D. 4. Que doit-on observer à l'égard du trait formé par le dernier mouvement de la formation d'une lettre, et qu'appelle-t-on liaison ? — R. Le ?trait formé par le dernier mouvement de formation d'une lettre doit être fin léger ; c'est à ce dernier trait que l'on a donné le nom de liaison.

Les élèves mettront entre les différentes syllabes dictées la distance de deux corps d'écriture, afin d'éviter la confusion.

IV.me LEÇON. — Exemple n.° 4.

1.er Procédé (*au tableau*). *DÉFINITIONS.*

D. Que représente la 1.re ligne de l'exemple n.° 4 ? — R. La première ligne représente une série d'ellipses inverses, exécutées par un mouvement continu et en revenant plusieurs fois sur le même contour.
D. Quel est le but de cet exercice ? — R. Cet exercice a pour but de faire acquérir aux doigts la flexibilité nécessaire à une formation hardie et régulière des lettres ou parties de lettres dérivant de l'ellipse inverse, ou de faciliter la bonne tenue de la plume.
D. Comment l'ellipse inverse continue doit-elle être exécutée et saccadée ? — R. L'ellipse inverse doit être exécutée autour d'une ligne oblique, de la même manière que l'ellipse directe et saccadée en 2 mouvements, 1 pour remonter, 2 pour descendre.

Les mouvements saccadés de cet exercice devront être d'autant plus accélérés que l'élève sera plus familiarisé avec eux.

2.° Procédé (*dans les bancs*). Tracé des ellipses inverses continues.
3.° Procédé. Dictée des mots du tableau de lecture correspondant à la leçon. Analyses.

Si l'orthographe exigeait qu'un mot fût écrit avec une majuscule initiale, le maître recommandera de donner seulement à cette lettre une hauteur de trois corps d'écriture, et d'en proportionner la largeur.

V.ᵐᵉ LEÇON. — Exemple n.º 5.

1.ᵉʳ PROCÉDÉ (*au tableau*).

D. Que représente la première ligne de l'exemple n.º 5 ?
D. Quel est le but de cet exercice ?
D. Quelles fonctions les doigts remplissent-ils dans cet exercice ?
D. Quelles fonctions le poignet remplit-il dans cet exercice ?
D. Quelles fonctions l'avant-bras remplit-il dans cet exercice ?
D. Quels sont encore les avantages de cet exercice ?
D. Quel est le défaut que prévient cet exercice ?
D. A la formation de quelles lettres cet exercice prépare-t il ?
D. Que doit-on observer dans cet exercice à l'égard de la partie de l'avant-bras qui sert de levier ?

DÉFINITIONS.

R. La première ligne de cet exemple représente une série de jambages composés directs, exécutés par un mouvement continu d'une extrémité de la ligne à l'autre.
R. Cet exercice a pour but de faire acquérir à l'élève les mouvements combinés des doigts, du poignet et de l'avant-bras.
R. Les mouvements des doigts, parce qu'il faut les plier et les allonger dans cet exercice.
R. Les mouvements du poignet, parce que, réuni à celui des doigts, il en facilite l'accélération.
R. Le mouvement de l'avant-bras, parce qu'il sert à donner aux lignes une direction horizontale.
R. Cet exercice contribue aussi, d'une manière puissante, à rendre les doigts plus souples et la main plus légère.
R. Il prévient le défaut qu'ont en général les commençants de renverser la main en dehors.
R. Il prépare à la formation des lettres bouclées.
R. La partie de l'avant-bras qui sert de levier maintient la direction de la main qui, à mesure qu'elle s'avance vers la droite, glisse sur la surface polie des ongles du troisième et du quatrième doigt formant le premier point d'appui.

2.ᵐᵉ PROCÉDÉ. (*Dans les bancs*). Tracé des jambages composés directs.
2.ᵐᵉ PROCÉDÉ Dictée des mots du tableau de lecture correspondant à la leçon.

DEUXIÈME CLASSE. — ÉCRITURE EXPÉDIÉE.
VI.ᵐᵉ LEÇON. — Exemple n.° 6.

1.ᵉʳ PROCÉDÉ (*au tableau*).   *DÉFINITIONS.*

D. Qu'entend-on par écriture expédiée ? — R. Nous entendons par écriture expédiée celle dont on fait habituellement usage, et dont toutes les parties sont de la même grosseur.

D. Que représente l'exercice placé sur la 1.ʳᵉ ligne ? — R. L'exercice placé sur la 1.ʳᵉ ligne de l'exemple n.° 6 représente les lettres *i, t, u, r*, unies et exécutées par un mouvement continu d'une extrémité de la ligne à l'autre.

D. Quel est le but de cet exercice ? — R. Cet exercice a pour but d'apprendre à former avec proportion les lettres ou parties de lettres dérivant de la demi-ellipse inférieure directe, et d'instruire sur la liaison des lettres *i, t, u, r* entre elles.

D. Quel est l'avantage de cet exercice ? — R. Cet exercice, ainsi que tous ceux qui s'exécutent par un mouvement continu, a l'avantage de faire acquérir les mouvements combinés des doigts, du poignet et de l'avant-bras.

Première Ligne.

D. Quel est le mouvement général et individuel d'exécution de cet exercice ? — R. Le mouvement général d'exécution de ces quatre lettres s'opère sans plier ni allonger les doigts d'une manière sensible. Leur exécution individuelle n'est autre que celle de la demi-ellipse inférieure directe.

D. Comment cet exercice doit-il être saccadé ? — R. On doit saccader en comptant *un* pour descendre, *deux* pour remonter. Le même mouvement sert à former les liaisons entre les lettres.

D. Quelle est la forme générale des liaisons ? — R. Les liaisons entre les lettres sont obliques ou courbes.

D. Comment les lettres, dont le dernier mouvement est celui de la demi-ellipse inférieure directe, se lient-elles à la lettre qui les suit ? — R. Toute lettre dont le dernier mouvement est celui de la demi-ellipse inférieure directe se lie à la lettre suivante à l'aide d'une liaison oblique.

D. Quand la lettre qui suit présente à sa rencontre un corps droit, à quelle hauteur la liaison doit-elle opérer sa jonction ? — R. Lorsque la lettre qui suit présente à sa rencontre un corps droit, la liaison doit remonter jusqu'à la ligne supérieure du corps d'écriture.

3

(22)

D. Que représente l'exercice placé sur la 2.e ligne ?	R. L'exercice placé sur la 2.e ligne de l'exemple représente les lettres *c*, *o*, unies et exécutées par un mouvement continu d'une extrémité de la ligne à l'autre.
D. Quel est le but de cet exercice ?	R. Cet exercice a pour but d'apprendre à former avec proportion les lettres ou parties de lettres formées par l'ellipse directe, et d'instruire sur la *liaison* de ces lettres entr'elles.
D. Comment la lettre *c* doit-elle être exécutée ?	R. La lettre *c* s'exécute en trois mouvements, comme il a été prescrit pour l'ellipse directe simple.
D. Que doit-on observer pour lier la lettre *c* à la lettre *o* ?	R. Après avoir formé le 3.e mouvement de la lettre *c*, on ne doit pas s'arrêter pour recommencer la lettre *o*; afin qu'il n'y ait pas solution de continuité, on continue le mouvement, comme si l'on voulait former une ellipse inverse, et lorsque la plume est arrivée au tiers de l'ellipse, on la fait revenir sur ses pas. Cette observation est générale pour toutes les lettres présentant un corps elliptique.
D. Comment la lettre *o* doit-elle être exécutée ?	R. La lettre *o* s'exécute en quatre mouvements : *un* pour remonter en commençant la lettre, *deux* pour descendre, *trois* pour remonter en achevant la lettre, *quatre* pour former le point final et une liaison courbe.
D. Comment les lettres terminées par le dernier mouvement de l'ellipse directe, se lient-elles à la suivante ?	R. Les lettres terminées par le dernier mouvement de l'ellipse directe se lient à la suivante à l'aide d'une liaison courbe.
D. Quel doit être le mouvement général d'exécution des deux lettres *c*, *o* ?	R. Le mouvement général d'exécution de ces deux lettres s'opère sans plier ni allonger les doigts d'une manière sensible.

2.e PROCÉDÉ (*dans les bancs*). Tracé des deux exercices étudiés dans le 1.er procédé.
3.e PROCÉDÉ. Dictées orthographiques et analyses.

VII.me LEÇON. — Exemple n.º 7.

1.er PROCÉDÉ (*au tableau*).   *DÉFINITIONS*.

D. Que représente l'exercice placé sur la 1.re ligne de l'exemple n.º 7 ?	R. L'exercice placé sur la 1.re ligne de l'exemple n.º 7 représente les lettres *a*, *d*, *q*, unies et exécutées par un mouvement continu d'une extrémité de la ligne à l'autre.

Seconde Ligne.

	D. Quel est le but de cet exercice?	R. Cet exercice a pour but d'apprendre à réunir les deux parties qui servent à former chacune de ces lettres, d'instruire sur la liaison oblique avec un corps ovale, et d'obtenir une formation régulière des lettres d, q qui dépassent le corps d'écriture.
1.re Ligne.	D. Comment ces trois lettres a, d, q doivent-elles s'exécuter?	R. La première partie de ces trois lettres s'exécute comme l'ellipse directe, la seconde comme la demi-ellipse inférieure directe.
	D. Quel doit être le mouvement général des lettres a, d, q?	R. Le mouvement général d'exécution de ces trois lettres s'opère sans plier ni allonger les doigts d'une manière sensible.
	D. Que représente l'exercice placé sur la 2.e ligne de l'exemple n.° 7?	R. L'exercice placé sur la 2.e ligne représente les lettres l, e, unies et exécutées par un mouvement continu d'une extrémité de la ligne à l'autre.
	D. Quel est le but de cet exercice?	R. Cet exercice a pour but d'apprendre à former avec proportion les lettres dérivant de l'ellipse directe, de conduire à une exécution régulière des lettres qui dépassent la ligne supérieure du corps d'écriture, et d'instruire sur la liaison oblique avec les lettres bouclées.
Seconde Ligne.	D. Comment les lettres l, e, doivent-elles s'exécuter?	R. Les lettres l et e s'exécutent comme l'ellipse directe continue, mais au lieu de repasser plusieurs fois sur le même contour, la main doit marcher vers la droite en formant des boucles.
	D. Quel doit être le mouvement général d'exécution des lettres l, e?	R. Le mouvement général d'exécution de ces deux lettres s'opère en ne pliant et n'allongeant les doigts d'une manière sensible, que pour la lettre l qui dépasse la ligne supérieure du corps.
	D. Quelle doit être la hauteur des lettres bouclées?	R. La hauteur des lettres bouclées qui dépassent la ligne supérieure du corps d'écriture doit être d'un corps et demi au-dessus de cette ligne.
	D. Quelle doit être la largeur des boucles?	R. La largeur des boucles doit être d'un quart du corps d'écriture.
	D. A quelle hauteur une liaison oblique qui rencontre une lettre bouclée au-dessus de la ligne supérieure du corps doit-elle joindre cette lettre?	R. Toute liaison oblique qui rencontre une lettre bouclée au-dessus du corps d'écriture, doit joindre cette lettre à hauteur de la ligne supérieure du corps.

2.me Procédé (*dans les bancs*). Tracé des deux exercices étudiés dans le 2.me Procédé.

3.me Procédé. Dictées orthographiques et analyses.

VIII.ᵉ LEÇON — Exemple n.º 8.

1.ᵉʳ PROCÉDÉ. (*au tableau*.)	DÉFINITIONS.

Première Ligne.

D. Que représente l'exercice placé sur la 1.ʳᵉ ligne de l'exemple n.º 8 ?
R. L'exercice placé sur la 1.ʳᵉ ligne de l'exemple n.º 8 représente les lettres *b*, *f* dérivées de la lettre *l*, unies et exécutées par un mouvement continu d'une extrémité de la ligne à l'autre.

D. Quel est le but de cet exercice ?
R. Cet exercice a pour but d'apprendre à former avec régularité les lettres dérivant de l'ellipse directe, de conduire à une exécution régulière des lettres qui dépassent la ligne supérieure et inférieure du corps d'écriture, et enfin d'instruire sur les liaisons courbes avec les lettres bouclées.

D. Quels sont encore les avantages de cet exercice ?
R. Il contribue à donner aux doigts la plus grande souplesse, et en accélérer aussi les mouvements.

D. Comment la lettre *b* doit-elle s'exécuter ?
R. La lettre *b* s'exécute comme la lettre *l*, excepté que, dans la partie inférieure de la lettre, on doit, à l'aide d'un 5.ᵉ mouvement, former une petite ellipse que l'on termine par un point, qui est celui de départ pour une liaison courbe.

D. Comment la lettre *f* doit-elle s'exécuter ?
R. La lettre *f* s'exécute en 5 mouvements, comme la lettre *b* dont elle dérive.

On observera toutefois, que la lettre *f* dépasse d'une quantité égale, soit au-dessus, soit au-dessous des lignes supérieure et inférieure du corps d'écriture, et qu'au lieu de former l'ellipse dans la partie inférieure, il faut remonter le trait jusqu'à la ligne inférieure, traverser cette ligne à gauche, en remontant jusqu'à la ligne supérieure, et terminer par un point qui est celui de départ pour barrer la lettre et former la liaison courbe.

D. Quel doit être le mouvement général d'exécution des deux lettres *l* et *f* ?
R. Le mouvement général d'exécution de ces deux lettres s'opère en pliant et allongeant les doigts, et en combinant ces mouvements avec celui du poignet et de la main, au fur et à mesure que l'un et l'autre s'avancent vers la droite.

D. Quelle doit-être la longueur des lettres bouclées au-dessous du corps d'écriture ?
R. Les lettres bouclées qui dépassent la ligne inférieure du corps d'écriture doivent la dépasser d'un corps et demi.

D. A quelle hauteur une liaison courbe qui rencontre une lettre bouclée au-dessus du corps d'écriture, doit-elle joindre cette lettre ?
R. Toute lettre courbe qui rencontre une lettre bouclée au-dessus du corps d'écriture, doit opérer sa jonction à hauteur de la ligne supérieure du corps.

D. Que représente l'exercice placé sur la 2.e ligne de l'exemple n.° 8 ?
R. L'exercice placé sur la 2.e ligne de l'exemple n.° 8 représente les lettres *j*, *g*, unies et exécutées par un mouvement continu d'une extrémité de la ligne à l'autre.

D. Quel est le but de cet exercice ?
R. Cet exercice a pour but d'apprendre à former avec proportion les lettres dérivant de l'ellipse, de conduire particulièrement à une exécution régulière des lettres qui dépassent la ligne inférieure du corps d'écriture, et d'instruire sur la liaison de ces lettres.

D. Comment la lettre *j* doit-elle s'exécuter ?
R. La lettre *j* s'exécute comme la demi-ellipse inférieure inverse, en comptant *un* pour descendre, *deux* pour remonter en formant la boucle.

D. Comment la lettre *g* doit-elle s'exécuter ?
R. La première partie de la lettre *g* s'exécute comme la lettre *o*, la deuxième comme la lettre *j*.

D. Quel doit-être le mouvement général d'exécution des deux lettres *j* et *g* ?
R. Le mouvement général d'exécution de ces deux lettres s'opère en ne pliant et n'allongeant les doigts d'une manière sensible, que pour les parties qui dépassent la ligne inférieure du corps.

D. Comment les lettres dont le dernier mouvement est celui de l'ellipse inverse bouclée, se lient-elles aux lettres suivantes ?
R. Les lettres dont le dernier mouvement est celui de la demi-ellipse inverse bouclée, se lient à la lettre qui les suit à l'aide d'une liaison oblique.

D. A quelle distance de la ligne inférieure du corps d'écriture, doit-on fermer la boucle des lettres qui dépassent cette ligne ?
R. La boucle des lettres qui dépassent la ligne inférieure du corps d'écriture doit se fermer à un quart de corps au-dessous de cette ligne.

2.me Procédé. (*dans les bancs.*) Tracé des deux exercices étudiés dans le 1.er Procédé.

3.me Procédé. Dictées orthographiques et analyse.

IX.ᵐᵉ LEÇON. — Exemple n.º 9.

1.ᵉʳ PROCÉDÉ (*au tableau*).   **DÉFINITIONS.**

D. Que représente l'exercice placé sur la 1.ʳᵉ ligne de l'exemple n.º 9 ?
R. L'exercice placé sur la 1.ʳᵉ ligne de l'exemple n.º 9, représente les lettres *m* et *v* unies et exécutées par un mouvement continu d'une extrémité de la ligne à l'autre.

D. Quel est le but de cet exercice ?
R. Cet exercice a pour but d'apprendre à former avec proportion les lettres dérivant de l'ellipse inverse, et du jambage composé inverse, à lier aux lettres commençant par le premier mouvement de l'ellipse inverse, celles qui sont terminées par le second mouvement de l'ellipse directe ou par le dernier mouvement de la lettre *o*.

Première Ligne.

D. Quel en est encore l'avantage ?
R. Il habitue les élèves à écrire dans une direction parfaitement horizontale.

D. Comment deux lettres, dont la première se termine par le dernier mouvement de l'ellipse directe et la seconde commence par le premier mouvement de l'ellipse inverse, doivent-elles se lier ?
R. Deux lettres, dont la première se termine par le dernier mouvement de l'ellipse directe, et la seconde commence par le premier mouvement de l'ellipse inverse, se lient entr'elles à l'aide d'une liaison oblique qui forme, ainsi réunie à chacune de ces lettres, une liaison composée comme celle du *m* au *v*.

D. Comment deux lettres, dont la première se termine par le dernier mouvement de l'ellipse, et la seconde commence par le premier mouvement de la demi-ellipse inverse, doivent-elles se lier ?
R. Deux lettres, dont la première se termine par le dernier mouvement de l'ellipse, et la seconde commence par le premier mouvement de la demi-ellipse inverse, se lient entr'elles à l'aide d'une liaison courbe qui, ainsi réunie à chacune de ces lettres, forme une liaison composée comme celle du *v* au *m*.

D. Comment la lettre *m* doit-elle s'exécuter ?
R. Les deux premières parties de la lettre *m* s'exécutent comme la demi-ellipse supérieure inverse, la troisième partie s'opère comme il a été prescrit pour le jambage composé inverse.

D. Comment la lettre *v* doit-elle s'exécuter ?
R. La lettre *v* s'exécute comme le jambage composé inverse, excepté qu'au troisième mouvement on doit former une ellipse non fermée que l'on termine par un point qui est celui de départ pour une liaison courbe.

D. Quel est le mouvement général d'exécution des deux lettres *m* et *v* ?
R. Le mouvement général d'exécution de ces deux lettres s'opère sans plier ni allonger les doigts d'une manière sensible.

{Seconde Ligne}
D. Que représente l'exercice placé sur la 2.ᵉ ligne de l'exemple n.º 9 ?
R. L'exercice placé sur la 2.ᵉ ligne de l'exemple n.º 9, représente les lettres h et k unies et exécutées par un mouvement continu d'une extrémité de la ligne à l'autre.

D. Quel est le but de cet exercice ?
R. Cet exercice a pour but d'apprendre à lier aux lettres bouclées au-dessus de la ligne supérieure du corps d'écriture, celles qui se terminent par le dernier mouvement du jambage composé inverse, et de continuer à instruire sur les parties de lettres dérivant de cet élément.

D. Comment doit-on exécuter la lettre h ?
R. La première partie de la lettre h s'exécute comme il a été prescrit pour la lettre l, en s'arrêtant toutefois sur la ligne; la seconde partie s'exécute comme il a été prescrit pour le jambage composé inverse.

D. Comment doit-on exécuter la lettre k ?
R. La première partie de la lettre k s'exécute comme la première de la lettre h; la deuxième partie comme la demi-ellipse supérieure inverse, la troisième, comme le jambage composé inverse.

D. Quel doit être le mouvement général d'exécution des deux lettres h ou k ?
R. Le mouvement général de ces deux lettres s'opère en ne pliant et n'allongeant les doigts d'une manière sensible, que pour en former les parties bouclées qui dépassent la ligne supérieure du corps.

2.ᵉ PROCÉDÉ (*dans les bancs*). Tracé des deux exercices étudiés dans le 1.ᵉʳ Procédé.
3.ᵉ PROCÉDÉ. Dictées orthographiques et analyses.

X.ᵐᵉ LEÇON. — Exemple n.º 10.

1.ᵉʳ PROCÉDÉ (*au tableau*).   *DÉFINITIONS.*

{1.ʳᵉ Ligne}
D. Que représente l'exercice placé sur la 1.ʳᵉ ligne de l'exemple n.º 10 ?
R. L'exercice placé sur la 1.ʳᵉ ligne de l'exemple n.º 10 représente les lettres p et y, unies et exécutées par un mouvement continu d'une extrémité de la ligne à l'autre.

D. Quel est le but de cet exercice ?
R. Cet exercice a pour but d'apprendre à former avec proportion les lettres formées par le jambage composé inverse.

D. Comment doit-on exécuter la lettre p ?
R. La première partie de la lettre p s'exécute comme la demi-ellipse inférieure directe; la seconde partie s'exécute comme le jambage composé inverse.

D. Comment doit-on exécuter la lettre y ?
R. La première partie de la lettre y s'exécute comme le jambage composé inverse; la seconde partie comme la lettre j.

D. Quel est le mouvement général d'exécution des lettres *p* et *y* ?
R. Le mouvement général d'exécution de ces deux lettres s'opère en ne pliant et n'allongeant les doigts d'une manière sensible que pour les parties qui dépassent la ligne inférieure du corps.

2.e Ligne

D. Que représente l'exercice placé sur la 2.e ligne ?
R. L'exercice placé sur la 2.e ligne représente les lettres *z*, *s*, *x*, unies et exécutées d'une extrémité de la ligne à l'autre.

D. Quel est le but de cet exercice ?
R. Cet exercice a pour but d'apprendre à former régulièrement ces trois lettres, qui sont les plus difficiles de l'écriture expédiée, vu leur dérivation composée.

D. Comment doit-on exécuter les trois lettres *z*, *s*, *x* ?
R. Les lettres *z*, *s* et *x* s'exécutent comme il a été déjà prescrit pour chacune de ces lettres, dans la première classe.

D. Que doit-on observer pour les lettres *s*, *x* ?
R. On doit observer que la lettre *s* est bouclée dans sa partie inférieure, et que dans la lettre *x*, la partie inférieure de gauche et la partie supérieure de droite sont réunies par une liaison formant deux boucles.

D. Quel est le mouvement général d'exécution des trois lettres *z*, *s*, *x* ?
R. Le mouvement général d'exécution de ces trois lettres s'opère sans plier ni allonger d'une manière sensible.

2.e Procédé (*dans les bancs*). Tracé des deux exercices étudiés au premier Procédé.

3.e Procédé. Dictées orthographiques et Analyses.

TROISIÈME CLASSE. — *SUITE DE L'ÉCRITURE EXPÉDIÉE.*

XI.me LEÇON. — Exemple n.º 11.

1.er Procédé (*au tableau*). Notions plus détaillées sur la position du corps.

D. Quelle doit être la position du corps ? R. Le corps droit et d'aplomb sur la chaise.
D. Pourquoi doit-on avoir le corps droit ? R. Parce que l'on ne peut se pencher long-temps sans que la position devienne fatigante.
D. Quelle doit être la position de la tête ? R. La tête légèrement inclinée, sans pencher ni à droite ni à gauche.
D. Quelle doit être la position de la poitrine ? R. La poitrine éloignée d'environ un pouce de la table.
D. Que doit-on observer pour le côté gauche ? R. Le côté gauche un peu plus rapproché de la table que le droit.
D. Pourquoi le côté gauche doit-il être plus rapproché de la table que le droit ? R. Afin que le bras droit ait plus de liberté dans ses mouvements.
D. Quelle doit être la position de la jambe droite ? R. La jambe droite placée perpendiculairement au sol de la chambre.
D. Quelle doit être la position de la jambe gauche ? R. La jambe gauche un peu plus avancée que la droite.

DÉFINITIONS.

Première ligne.

D. Que représente l'exercice placé sur la 1.re ligne de l'exemple n.º 11 ? R. L'exercice placé sur la 1.re ligne de l'exemple n.º 11 représente l'alliance de la lettre *b* avec toutes les lettres de l'alphabet.
D. Quel est le but de cet exercice ? R. Cet exercice a pour but d'instruire sur la liaison courbe dont l'exécution présente plus de difficultés que celle de la liaison oblique. Il apprend aussi à lier entr'elles toutes les lettres de l'alphabet, et à exécuter, avec la même régularité et la même facilité, les lettres constitutives des mots les plus difficiles.
D. Quel est le mouvement général d'exécution de cet exercice ? R. Le mouvement général d'exécution de cet exercice s'opère à l'aide des mouvements combinés des doigts, du poignet et de l'avant-bras, et en marchant, sans s'arrêter, d'une extrémité de la ligne à l'autre. Ce mouvement devra être d'autant plus accéléré que les élèves y seront plus familiarisés.

4

2ᵉ Lig.
D. Que représente l'exercice placé sur la 2.ᵉ ligne de l'exemple n.º 11 ? R. La 2.ᵉ ligne de l'exemple n.º 11 représente l'alliance de la lettre *f* avec toutes les lettres de l'alphabet.
(Voir ce qui a été dit pour le but et le mouvement d'exécution de la première ligne.)

2.º Procédé (*dans les bancs*). Tracé des deux exercices étudiés au 1.ᵉʳ Procédé.
3.º Procédé. Dictées orthographiques et analyses.

XII.ᵐᵉ LEÇON. — Exemple n.º 12.

1.ᵉʳ Procédé (*au tableau*). Notions détaillées sur la position de la main.

D. Quelle doit être la position de la main ? R. La main renversée tout-à-fait en dedans, de manière à ce qu'elle soit parallèle avec la surface de la table, et qu'on puisse distinctement en voir le dessus.
D. Pourquoi la main doit-elle être tout-à-fait renversée en dedans ? R. Parce que, si on la renverse en dehors, elle se trouvera alors en contact avec la table, et il sera impossible d'écrire autrement que sur le côté de la plume.
D. Comment la main gauche doit-elle être placée ? R. La main gauche se place sur le papier à hauteur de la droite.
D. Quelle est la fonction de la main gauche ? R. Elle sert à soutenir le cahier et à l'avancer au fur et à mesure que les lignes se forment.
D. Comment le papier doit-il être placé ? R. Le papier doit être un peu incliné vers la gauche.
D. Pourquoi doit-on incliner le papier ? R. Afin de faciliter la pente de l'écriture.

DÉFINITIONS.

1ʳᵉ Lig.
D. Que représente l'exercice placé sur la 1.ʳᵉ ligne de l'exemple n.º 12 ? R. L'exercice placé sur la 1.ʳᵉ ligne de l'exemple n.º 12 représente l'alliance de la lettre *o* avec toutes les lettres de l'alphabet.
(Voir ce qui a été dit pour le but et le mouvement d'exécution de l'exercice de la première ligne de l'exemple n.º 11.)

2.ᵉ Leç. { D. Que représente l'exercice placé sur la 2.ᵉ ligne de l'exemple n.º 12 ? R. L'exercice placé sur la 2.ᵉ ligne de l'exemple n.º 12 représente l'alliance de la lettre *v* avec toutes les lettres de l'alphabet.

(Voir ce qui a été dit pour le but et le mouvement d'exécution de l'exercice de la 1.ʳᵉ ligne de l'exemple n.º 11.)

2.ᵉ Procédé (*dans les bancs*). Tracé des deux exercices étudiés au 1.ᵉʳ Procédé.
3.ᵉ Procédé. Dictées orthographiques et analyses.

XIII.ᵐᵉ LEÇON. — Exemple n.º 13.

1.ᵉʳ Procédé. (*au tableau*). Notions détaillées sur la position de la plume et des doigts.

D. Comment la plume doit-elle être placée ? R. La plume se place entre les trois premiers doigts, qui sont : le *pouce*, *l'index* et le *majeur*.
D. Quelle est la fonction du doigt majeur ? R. Le doigt majeur sert de point d'appui à la plume.
D. De quelle manière le tuyau de la plume doit-il être placé ? R. Le côté droit du tuyau doit appuyer sur le milieu de la première phalange du doigt majeur. La plume doit le dépasser d'environ 6 lignes.
D. Pourquoi la plume doit-elle dépasser le doigt majeur de 6 lignes ? R. Afin que l'on puisse voir facilement ce que l'on écrit, et pour éviter que les doigts se tachent d'encre.
D. Comment se place l'index ? R. L'index se place sur le tuyau de la plume.
D. Quelle est la fonction de l'index ? R. Il aide à la pression.
D. Que doit-on observer à l'égard de l'index et du majeur ? R. L'index et le majeur doivent être légèrement ployés.
D. Pourquoi ces deux doigts doivent-ils être légèrement ployés ? R. Afin d'avoir plus de facilité pour allonger et raccourcir les doigts dans la formation des lettres, ce qui serait impossible si on les roidissait.
D. Quelle est la fonction du pouce ? R. Le pouce maintient la plume et l'empêche de tourner dans les doigts.
D. Comment le pouce se place-t-il ? R. L'extrémité supérieure du pouce se place vis-à-vis le milieu de la première phalange de l'index.
D. Pourquoi l'extrémité du pouce se place-t-elle vis-à-vis le milieu de la première phalange de l'index ? R. Afin de guider dans l'exécution des lettres pour lesquelles il est nécessaire de plier ou allonger les doigts.

D. Comment doit-on placer les deux derniers doigts de la main ? R. Les deux derniers doigts de la main doivent être pliés intérieurement.
D. Pourquoi doit-on plier intérieurement les deux derniers doigts ? R. Afin de servir de point d'appui à la main.

DÉFINITIONS.

Première Ligne.
D. Que représente l'exercice placé sur la première ligne de l'exemple n.º 13 ? R. L'exercice placé sur la première ligne de l'exemple n.º 13 représente la lettre *s* exécutée de deux manières.
D. Quel est le but de cet exercice ? R. Cet exercice a pour but d'apprendre à exécuter la nouvelle lettre longue *s* dont l'emploi peut avoir lieu dans le corps d'un mot, pour rompre la monotonie de deux lettres semblables et placées l'une à côté de l'autre.
D. Comment doit-on exécuter la lettre longue *s* ? R. La lettre longue *s* s'exécute à l'aide des mêmes mouvements que la lettre courte *s*, en ayant soin seulement de fermer la boucle au-dessus de la ligne supérieure du corps. Le mouvement général d'exécution de cet exercice est le même que ceux de la onzième leçon (*voir* la définition de cette leçon).

2.ᵉ Ligne.
D. Que représente l'exercice placé sur la seconde ligne de l'exemple n.º 13 ? R. L'exercice placé sur la seconde ligne de l'exercice n.º 13 représente la double lettre *v* exécutée par un mouvement continu d'une extrémité de la ligne à l'autre.
D. Quel est le but de cet exercice ? R. Cet exercice a pour but l'étude de cette lettre dont on fait rarement usage dans l'orthographe des mots.
D. Comment doit-on exécuter la double lettre *w*. R. La première et la seconde partie de la double lettre *v* s'exécutent comme les lettres *i* et *u*, la troisième comme le dernier mouvement de la lettre *v*.
D. Quel est le mouvement général d'exécution de cet exercice ? R. Le mouvement général d'exécution de cet exercice s'opère sans allonger ni raccourcir les doigts d'une manière sensible.

2.ᵐᵉ PROCÉDÉ. (*Dans les bancs*). Tracé des deux exercices étudiés au 1.ᵉʳ procédé.
3.ᵐᵉ PROCÉDÉ. Dictées orthographiques et analyses.

XIV.ᵐᵉ LEÇON. — Exemple n.º 14.

1.ᵉʳ PROCÉDÉ. (*Au tableau*). Notions détaillées sur la position du poignet et du bras.
D. Quelle doit-être la position du poignet ? R. Le poignet doit-être parallèle aux parties latérales de la table.

D. Pourquoi le poignet doit-il être parallèle aux parties latérales de la table ? — R. Afin que le coude droit ne s'éloigne pas trop du corps.

D. Quelle doit être l'élévation du poignet ? — R. Le poignet doit être élevé d'un pouce au-dessus de la surface de la table.

D. Pourquoi doit-on élever le poignet d'un pouce ? — R. Parce que, s'il portait, il nuirait à la liberté des mouvements de la main.

D. Comment doit-on placer l'avant-bras droit ? — R. L'avant-bras droit doit être partagé par le bord intérieur de la table qui lui sert de point d'appui, et avec lequel il doit former un angle droit.

D. Pourquoi l'avant-bras droit doit-il former angle droit avec le bord intérieur de la table ? — R. Afin d'empêcher la plume de s'écarter de la perpendiculaire qu'elle doit former avec l'épaule.

D. Comment doit-on considérer la partie de l'avant-bras qui pose sur la table ? — R. La partie de l'avant-bras qui pose sur la table peut être considérée comme centre du mouvement.

D. Comment peut-on considérer la partie de l'avant-bras antérieure à celle qui pose sur la table ? — R. La partie antérieure à celle qui pose sur la table sert de levier.

D. Quelle doit être la position du coude ? — R. Le coude doit être bas.

D. Pourquoi doit-on baisser le coude ? — R. Afin de pouvoir facilement élever le poignet.

D. A quelle distance doit-on placer le coude droit du corps ? — R. Le coude droit, éloigné du corps d'environ deux pouces.

D. Pourquoi doit-on placer le coude droit à deux pouces du corps ? — R. Afin que la position du bras ne soit pas forcée, et que le coude étant rapproché du corps, on puisse donner à l'écriture la pente qu'elle doit avoir, ce qui serait impossible si le coude était trop éloigné.

D. Quelle doit être la position du bras gauche ? — R. Le bras gauche près du corps.

D. Pourquoi le bras gauche doit-il être près du corps ? — R. Afin d'occuper en écrivant le moins de place possible.

NOUVELLES LETTRES.

DÉFINITIONS.

D. Que représente l'exercice placé sur la première ligne de l'exemple n.° 14 ? — R. L'exercice placé sur la première ligne de l'exemple n.° 14 représente la nouvelle lettre *t* exécutée par un mouvement continu d'une extrémité de la ligne à l'autre.

<table>
<tr><td rowspan="4">1.re Ligne.</td><td>D. Quel est le but de cet exercice ?</td><td>R. Cet exercice a pour but d'apprendre à exécuter la nouvelle lettre *t*, dite allemande, et dont la forme gracieuse embellit l'écriture.</td></tr>
<tr><td>D. Comment la lettre allemande *t* doit-elle s'exécuter ?</td><td>R. La lettre *t* allemande s'exécute d'après les mêmes principes que la lettre *f* mais sans former de boucle.</td></tr>
<tr><td>D. Quelles doivent-être ses proportions?</td><td>R. Elle doit dépasser le corps d'écriture de la hauteur d'un corps.</td></tr>
<tr><td>D. Quel est le mouvement général d'exécution de cet exercice ?</td><td>R. Le mouvement général d'exécution de cet exercice s'opère en pliant et allongeant les doigts d'une manière très-peu sensible.</td></tr>
<tr><td rowspan="4">Seconde Ligne.</td><td>D. Que représente l'exercice placé sur la seconde ligne de l'exemple n.º 14 ?</td><td>R. L'exercice placé sur la seconde ligne de l'exemple n.º 14 représente la lettre *z* exécutée par un mouvement continu d'une extrémité de la ligne à l'autre.</td></tr>
<tr><td>D. Quel est le but de cet exercice ?</td><td>R. Cet exercice a pour but d'apprendre à exécuter la nouvelle lettre longue *z* que l'on peut employer comme la lettre courte.</td></tr>
<tr><td>D. Comment doit-on exécuter la lettre longue *z* ?</td><td>R. Les deux premières parties de la lettre longue *z* s'exécutent comme il a été prescrit pour la lettre courte. La troisième partie s'opère à l'aide des trois mouvements nécessaires a la formation de l'ellipse inverse. On comptera *un* pour monter jusqu'à la hauteur d'un tiers de corps d'écriture, *deux* pour descendre, *trois* pour former la boucle de la même manière que pour la lettre *f*</td></tr>
<tr><td>D. Quel est le mouvement général d'exécution de cet exercice ?</td><td>R. Le mouvement général d'exécution s'opère en ne pliant et allongeant les doigts d'une manière sensible, que pour la partie de la lettre longue *z* qui dépasse la ligne inférieure dn corps.</td></tr>
</table>

2.me Procédé. (*Dans les bancs*). Tracé des deux exercices étudiés au 1.er procédé.

5.me Procédé. Dictées orthographiques.

XV.me LEÇON. — Exemple n.º 15.

1.er Procédé. (*Au Tableau*). Lettres finales des mots.

DÉFINITIONS.

D. Ne se sert-on, dans l'écriture expédiée, que de lettres qui peuvent être liées avec celles qui les suivent ?

R. Indépendamment des lettres dont nous avons déjà étudié les formes et qui toutes peuvent se lier entr'elles dans le corps des mots, on a, dans le but de simplifier ou embellir l'écriture, fait usage de quelques nouveaux signes auxquels nous donneron le nom de lettres finales, parce que, d'après notre système d'écriture expédiée, ces lettres ne pouvant se lier à celles qui les suivent, ne peuvent être employées comme initiales ou médiales des mots.

D. Que représente l'exercice placé sur la 1.re ligne de l'exemple n.º 15 ? — R. La 1.re ligne de l'exemple n.º 15 représente la lettre finale *d*.

D. Comment doit-on exécuter la lettre finale *o* ? — R. Cette lettre s'exécute à l'aide des trois mouvements prescrits pour l'ellipse directe, en observant de donner à la partie supérieure une plus grande dimension, et de la renverser comme si l'on voulait exécuter l'ellipse presque horizontalement.

D. Que représente l'exercice placé sur la 2.e ligne de l'exemple n.º 15 ? — R. La 2.e ligne de l'exemple n.º 15 représente la lettre finale *r*.

D. Comment doit-on exécuter la lettre finale *r* ? — R. La 1.re partie de cette lettre s'exécute comme la demi-ellipse supérieure inverse, puis formant, à l'aide d'un troisième mouvement, une liaison oblique qui remonte jusqu'à la ligne supérieure du corps. Exécutez en descendant à un tiers de corps la demi-ellipse inférieure directe, que vous terminerez comme la lettre finale *d*.

Observations. — La lettre longue *s*, la lettre allemande *t*, la lettre longue *z*, les lettres finales *d* et *r* ne sont point obligatoires. Les cinq leçons de cette classe qui roulent sur le perfectionnement des liaisons, sur l'étude de quelques lettres nouvelles et sur les lettres que l'on peut employer à la fin des mots, ont particulièrement pour objet de servir au perfectionnement de l'écriture expédiée, et de graver dans la mémoire des élèves les principes qu'ils ont reçus dans les leçons précédentes.

2.e PROCÉDÉ (*dans les bancs*). Tracé des deux exercices étudiés au 1.er Procédé.

3.e PROCÉDÉ. Dictées orthographiques et analyses.

QUATRIÈME CLASSE. — SUITE DE L'ÉCRITURE EXPÉDIÉE.

XVIe LEÇON. — Exemple n.° 16.
MAJUSCULES. 1.re Série.

1.er Procédé (*au tableau*).   *DÉFINITIONS.*

On emploie en écriture comme en typographie des lettres majuscules ou lettres plus grandes que les autres.

D. Quelle doit être la hauteur des majuscules ? — R. La hauteur des majuscules est de trois corps d'écriture minuscule.

D. Que représente la 1.re ligne de l'exemple n.° 16 ? — R. La 1.re ligne de l'exemple n.° 16 renferme les lettres majuscules romaines O, C, E, G, servant de terme de comparaison aux minuscules placées au-dessous sur la 2.e ligne, et que nous avons adopté pour la 1.re série parce que leur exécution est la plus facile.

D. Quels sont les éléments des majuscules ? — R. Les ellipses directes et inverses et les jambages composés directs et inverses concourent à la formation des majuscules comme à la formation des minuscules.

D. De quel trait se sert-on encore pour les majuscules ? — R. On se sert encore dans les majuscules d'un trait appelé *spirale*.

D. Qu'est-ce que la *spirale* ? — R. La *spirale* est une ligne courbe tournant autour d'un point de départ, dont elle s'écarte par gradation. La spirale est directe, si elle tourne de droite à gauche ; elle est inverse, si elle tourne de gauche à droite.

D. Quelle doit être la distance des différents contours de la spirale ? — R. Les divers contours de la spirale doivent, pour les majuscules, être distants les uns des autres d'un demi-corps d'écriture.

D. Comment exécute-t-on la lettre majuscule O ? — R. Pour exécuter la majuscule O, prenez un point de départ qui touche à la ligne supérieure du corps majuscule, continuez comme pour former la minuscule o, terminez par un trait en spirale dont la base doit reposer à moitié du corps majuscule, et le point final être à un quart du corps majuscule.

D. En combien de mouvements la majuscule O doit-elle être saccadée ? — R. La majuscule O se saccade en quatre mouvements.

D. Quelle doit être sa largeur ? — R. Sa largeur est de deux corps minuscules, prise des contours extérieurs.

D. Quel est le mouvement général d'exécution des majuscules ?

R. Le mouvement général des majuscules s'opère sans remuer la main ni le poignet en pliant ou allongeant seulement les doigts. Les troisième et quatrième doigts forment point d'appui conservent leur immobilité.

D. Comment exécute-t-on la majuscule C ?

R. Pour exécuter la majuscule C, prenez un point de départ un peu au-dessus d[e la] ligne supérieure, décrivez une demi-ellipse directe dont la base doit reposer à [moi]tié du corps majuscule ; remontez jusqu'à la ligne supérieure, formez une bo[ucle] directe large d'un demi-corps ; continuez le mouvement comme si vous vouliez a[chev]ver l'ellipse, et terminez par une spirale, dont l'élévation est à la moitié du co[rps] majuscule, et le point final à un quart du corps majuscule de la ligne inférieure.

D. En combien de mouvements la majuscule C doit-elle être saccadée ?

R. La majuscule C se saccade en cinq mouvements.

D. Quelle doit être sa largeur ?

R. Sa largeur est de deux corps et demi d'écriture prise des contours extérieurs [les] plus éloignés.

D. Comment exécute-t-on la majuscule E ?

R. La majuscule E s'exécute de la même manière que la majuscule C, excepté qu[e le] trait formant la boucle directe se compose de deux courbes bouclées au centre.

D. En combien de mouvements la majuscule E doit-elle être saccadée ?

R. La majuscule E se saccade en six mouvements.

D. Quelle doit être sa largeur ?

R. Sa largeur est de deux corps et demi prise des contours extérieurs les plus éloig[nés.]

D. Comment exécute-t-on la majuscule G ?

R. La majuscule G s'exécute à l'aide des quatre premiers mouvements de la majusc[ule] C ; joignez ensuite à sa droite la minuscule j dépassant la ligne inférieure d'un co[rps] et demi ; cette majuscule aura ainsi la hauteur de quatre corps et demi.

D. Comment la majuscule G doit-elle être saccadée ?

R. La majuscule G se saccade en six mouvements.

D. Quelle doit-être sa largeur ?

R. Sa largeur est de deux corps et demi, comme pour la lettre C.

D. Que représentent les exercices placés sur la 3.ᵉ ligne de l'exemple n.° 16 ?

R. Les exercices placés sur la 3.ᵉ ligne représentent les lettres O, C, E, G, exécu[tés] par un mouvement continu, et en revenant un grand nombre de fois sur le m[ême] contour.

D. Quel est le but de ces exercices ?

R. Ces exercices ont pour but de conduire à une formation rapide, hardie et réguli[ère] des majuscules.

D. Quel est le mouvement général d'exécution de ces exercices ?

R. Le mouvement général d'exécution de ces exercices doit s'opérer par saccad[es] comme il a été prescrit pour chaque lettre en particulier.

(39)

D. Comment les lettres de la 1.re série se lient-elles dans leur exécution continue ? R. Le point final des majuscules O, C, E se lie au point initial, en ajoutant à la spirale une courbe formant la boucle, et en continuant le mouvement de l'ellipse directe pour rejoindre le point de départ. Pour la lettre G, il suffit de prolonger la boucle du j.

2.e Procédé. (Dans les bancs.) Tracé des majuscules de la première série.
3.e Procédé. Dictées orthographiques et analyses.

À partir de cette leçon, les élèves se conformeront pour leur écriture à la dimension des lettres de l'alphabet placé au bas de l'exemple. Cette dimension est celle de l'écriture fine.

XVII.me LEÇON. — Exemple n.º 17.
MAJUSCULES. 2.me Série.

1.er Procédé. (Au tableau.)   DEFINITIONS.

D. Que renferme la première ligne de l'exemple n.º 17 ? R. La 1.re ligne de l'ex. n.º 17 renferme les majuscules romaines Q, X, U, V, Y, servant de terme de comparaison aux manuscrites placées au-dessous, et formant la 2.e série.

D. Comment exécute-t-on la majuscule Q ? R. Pour exécuter la majuscule Q, prenez pour point de départ à un quart de corps au-dessous de la ligne supérieure, tracez une spirale inverse dont la base repose à la moitié du corps majuscule ; continuez le mouvement comme pour l'ellipse inverse, jusqu'à l'angle gauche de la ligne inférieure ; formez une boucle horizontale, et traversez l'ellipse en exécutant une composée qui repose sur la ligne inférieure ; terminez par une spirale dont l'élévation n'est que d'un quart du corps majuscule.

D. En combien de mouvements la majuscule Q doit-elle être saccadée ? R. La majuscule Q se saccade en cinq mouvements.

D. Quelle doit être sa largeur ? R. Sa largeur est de deux corps un tiers prise des contours inférieurs.

D. Comment exécute-t-on la majuscule X ? R. Pour exécuter la 1.re partie de la majuscule X, tracez une spirale inverse ;

(40)

	comme pour la majuscule Q, continuez le mouvement comme pour l'ellipse inverse; bouclez à l'aide d'une liaison qui partage la lettre au milieu du corps et terminez par la lettre C entrelacée d'un demi-corps avec la 1.re partie.
D. En combien de mouvements la majuscule X doit-elle être saccadé ?	R. La majuscule X se saccade en sept mouvements.
D. Quelle doit être sa largeur ?	R. Sa largeur, prise des contours extérieurs les plus éloignés, est de 2 corps 1/2
D. Comment exécute-t-on la majuscule U ?	R. Pour exécuter la majuscule U, tracez une spirale inverse supérieure, comme pour la majuscule X; formez au 5.e mouvement un jambage composé inverse remontez, en laissant un corps d'écriture d'intervalle, la liaison jusqu'à la ligne supérieure du corps majuscule, et terminez par une demi-ellipse inférieure d recte formant spirale comme pour la lettre C.
D. En combien de mouvements la majuscule U doit-elle être saccadée ?	R. La majuscule U se saccade en 7 mouvements.
D. Quelle doit être sa largeur ?	R. Sa largeur est de 3 corps 1/2 prise des contours extérieurs les plus éloignés.
D. Comment exécute-t-on la majuscule V ?	R. Pour exécuter la majuscule V, tracez la spirale et la composée prescrites pour la majuscule U, remontez la liaison jusqu'à la ligne supérieure comme pour former une ellipse directe, formez une petite spirale dont la base repose seulement à un quart du corps majuscule, et terminez par un point et une liaison courbe traversant la lettre.
D. En combien de mouvements la majuscule V doit-elle être saccadée ?	R. La majuscule V se saccade en sept mouvements.
D. Quelle doit être sa largeur ?	R. Sa largeur est de 2 corps 1/2 prise des contours extérieurs les plus éloignés.
D. Comment exécute-t-on la majuscule Y ?	R. Pour exécuter la majuscule Y, tracez la spirale et la composée prescrites pour la lettre U; placez à la droite de cette première partie la minuscule j comme pour la lettre G. La hauteur totale de cette lettre sera de 4 corps 1/2.
D. Comment la majuscule Y doit-elle être saccadée ?	R. La majuscule Y se saccade en six mouvements.

D. Quelle doit être sa largeur ? R. Sa largeur est de 2 corps 1/2 prise du contour de la spirale à la lettre J.
D. Que représentent les exercices placés R. Les exercices placés sur la 3.e ligne représentent les majuscules Q, X, U, V,
sur la 3.e ligne de l'exemple n.º 17 ? Y, exécutées par un mouvement continu, en revenant un grand nombre de fois
sur le même contour. (Voir la 16.e leçon pour le but de ces exercices et le
mouvement général d'exécution.)
D. Comment les majuscules de la 2.e série R. Le point final des majuscules Q, X et U se lie au point initial en ajoutant à
se lient-elles dans leur exécution continue ? la spirale une courbe formant la boucle, et en continuant le mouvement comme
si l'on exécutait une composée directe pour aller rejoindre la spirale inverse
supérieure. Le point final de la majuscule V se lie au point initial en formant
un jambage composé pour aller rejoindre la spirale inverse supérieure. Le point
final de la majuscule Y se lie au point initial en continuant la liaison, comme
si l'on voulait former une ellipse inverse.

2.e Procédé. (*Dans les bancs.*) Tracé des majuscules de la 2.e série.

3.e Procédé. Dictées orthographiques et analyses.

XVIII.me LEÇON. — Exemple n.º 18.

MAJUSCULES. 3.e *Série.*

1.er Procédé. (*Au tableau.*) *DÉFINITIONS.*
D. Que renferme la 1.re ligne de l'exem- R. La 1.re ligne de l'exemple n.º 18 renferme les majuscules romaines D, L,
ple n.º 18 ? S, P, B, R, servant de terme de comparaison aux manuscrites placées au-
dessous, et formant la 3.e série.
D. Comment exécute-t-on la majuscule D ? R. Pour exécuter la majuscule D, prenez pour point de départ l'angle de droite
de la ligne supérieure ; tracez au 1.er mouvement un jambage composé direct
que vous prolongerez jusqu'à l'angle gauche de la ligne inférieure, comme pour
la lettre Q majuscule. Au 2.e mouvement, formez une composée horizontale,

D. En combien de mouvements la majuscule *D* doit-elle être saccadée ?
R. comme pour la même lettre *Q* ; puis, continuez comme si vous vouliez fo[rmer] une ellipse directe en laissant l'intervalle du corps d'écriture entr'elle et le [jam]bage composé ; traversez cette ligne à la distance d'un demi-corps minu[scule] de la ligne supérieure, et terminez par une spirale directe dont la base re[pose] à moitié du corps majuscule.
R. La majuscule *D* se saccade en cinq mouvements.

D. Quelle doit être sa largeur ?
R. Sa largeur, prise des contours extérieurs les plus éloignés, est de 2 corps 1/[2].

D. Comment exécute-t-on la majuscule *L* ?
R. Pour exécuter la majuscule *L*, tracez les deux premiers mouvements [de la] majuscule *C* ; formez, à l'aide du 3.ᵉ, un jambage composé direct, comme [pour] la majuscule *D*, terminez comme la lettre *Q*.

D. En combien de mouvements la majuscule *L* doit-elle être saccadée ?
R. La majuscule *L* se saccade en cinq mouvements.

D. Quelle doit être sa largeur ?
R. Sa largeur est de 2 corps 1/2, prise des contours supérieurs et inférieur[s les] plus éloignés.

D. Comment exécute-t-on la majuscule *S* ?
R. La majuscule *S* s'exécute comme la majuscule *L*, excepté qu'au lieu de [for]mer une composée horizontale, on termine par une spirale inverse dont l['élé]vation n'est que d'un tiers du corps majuscule.

D. En combien de mouvements la majuscule *S* doit-elle être saccadée ?
R. La majuscule *S* se saccade en cinq mouvements.

D. Quelle doit être sa largeur ?
R. Sa largeur, prise des contours supérieurs les plus éloignés, est de deux corp[s.]

D. Comment doit-on exécuter la majuscule *P* ?
R. Pour exécuter la 1.ʳᵉ partie de la majuscule *P*, prenez pour point de d[épart] l'angle supérieure de droite, tracez un jambage composé direct, comme po[ur la] majuscule *D*, terminez comme pour la majuscule *S*. Pour exécuter la 3.ᵉ pa[rtie,] tracez une spirale inverse comme pour la majuscule *X* ; traversez le jam[bage] composé à un 8.ᵉ au-dessous de la ligne supérieure, terminez par une a[utre] spirale inverse. Ces deux spirales doivent reposer à moitié du corps majuscu[le.]

(43)

D. En combien de mouvements la majuscule P doit-elle être saccadée ?
R. La première partie de la majuscule P se saccade en trois mouvements, la seconde en quatre.

D. Quelle doit être sa largeur ?
R. Sa largeur, prise des contours extérieurs des deux spirales supérieures, est de deux corps.

D. Comment exécute-t-on la majuscule B ?
R. La 1.re partie de la majuscule B s'exécute comme la 1re de la majuscule P, il en est de même de la 2.e mais au lieu de former une 2.e spirale, prolongez la courbe inverse de manière à rencontrer le jambage composé un peu au-dessous du milieu du corps. Partant de ce point tracez une ellipse inverse bouclée, ou non bouclée dans sa partie inférieure.

D. En combien de mouvements la majuscule B doit-elle être saccadée.
R. La 2.e partie de la majuscule B se saccade en trois temps; il en est de même de la 5.e partie.

D. Quelle doit être sa largeur ?
R. Sa largeur prise des contours extérieurs de la 2.e partie est de 2 corps; prise des contours extérieurs de la 1.re et de la 3.e, elle est de deux corps et demi.

D. Comment s'exécute la majuscule R ?
R. La 1.re et la 2.e partie de la majuscule R s'exécutent comme pour la majuscule B ; pour la 3.e, tracez un jambage composé inverse distant de la 1.re partie d'un demi corps ; terminez par une spirale comme pour la majuscule C.

D. En combien de mouvements la majuscule R doit-elle saccader ?
R. La 3.e partie de la majuscule R se saccade en 4 temps.

D. Quelle doit être sa largeur ?
R. Sa largeur prise des contours extérieurs de la 1.re et de la 3.e partie est de 3 corps.

D. Que représentent les exercices placés sur la 3.e ligne de l'exemple n.º 18 ?
R. Les exercices placés sur la 3.e ligne représentent les lettres D, L, P, H, R, exécutées par un mouvement continu, en revenant un grand nombre de fois sur le même contour. (Voir la 16.e leçon pour le but de cet exercice et le mouvement général d'exécution.)

D. Comment les majuscules de la 3.e série se lient-elles ?
R. Le point final des majuscules D et L se lie au point initial en ajoutant à la spirale une courbe formant la boucle, et continuant le mouvement de l'ellipse

directe pour rejoindre le point de départ. Les deux points des majuscules *S*
P, *B*, *R* se lient en ajoutant à la spirale une courbe formant la boucle e
continuant le mouvement de l'ellipse inverse.

2.º Procédé. (*au tableau*.) Tracé des majuscules de la 3.ᵉ série.

3.º Procédé. Dictées orthographiques et analyses.

XIX.ᵐᵉ LEÇON — Exemple n.º 19.
MAJUSCULES. 4.ᵐᵉ Série.

1.ᵉʳ Procédé. (*au tableau*).
DEFINITIONS.

D. Que renferme la 1.ʳᵉ ligne de l'exemple n.º 19 ?
R. La 1.ʳᵉ ligne de l'exemple n.º 19 renferme les majuscules *A*, *M*, *N*, *V* *W*, servant de terme de comparaison aux manuscrites placées au-dessous formant la 4.ᵉ série.

D. Comment exécute-t-on la majuscule *A* ?
R. Pour exécuter la majuscule *A*, tracez une spirale directe dont l'élévation r soit que d'un quart de corps majuscule au-dessus de la ligne inférieure ; remos tez comme pour former une liaison jusqu'à l'angle de droite de la ligne supé rieure, et terminez comme la majuscule *C*.

D. En combien de mouvements la majuscule *A* doit-elle être saccadée ?
R. La majuscule *A* se saccade en six mouvements.

D. Quelle doit-être sa largeur ?
R. Sa largeur prise des contours inférieurs est de trois corps.

D. Comment exécute-t-on la majuscule *M* ?
R. Pour exécuter la majuscule *M*, joignez à la liaison de la majuscule a u simple trait oblique distant d'un demi corps, remontez à l'aide d'une liaiso composée et terminez comme la majuscule *A*.

D. En combien de mouvements la majuscule *M* doit-elle être saccadée ?
R. La majuscule *M* se saccade en 8 mouvements.

D. Quelle doit-être sa longueur.
R. La largeur prise des contours inférieurs est de quatre corps.

(45)

D. Comment exécute-t-on la majuscule N ?
R. La majuscule N s'exécute à l'aide des 5 premiers mouvements de la majuscule M que l'on termine par une petite ellipse inverse dont la base n'est qu'à un quart de corps majuscule au-dessous de la ligne supérieure.

D. En combien de mouvements la majuscule N doit-elle être saccadée ?
R. La majuscule N se saccade en sept mouvements.

D. Quelle doit être sa largeur ?
R. Sa largeur est de 4 corps prise des contours supérieur et inférieur les plus éloignés.

D. Comment exécute-t-on la majuscule I ?
R. Pour exécuter la majuscule I, prenez pour point de départ à un quart de corps au-dessous de la ligne supérieure, tracez une demi-ellipse inférieure inverse dont la base repose au milieu du corps majuscule, remontez par une liaison jusqu'à l'angle supérieur de droite et terminez par un jambage composé comme pour la lettre P, en passant au centre de la demi-ellipse.

D. En combien de mouvements la majuscule I doit-elle être saccadée ?
R. La majuscule I se saccade en cinq mouvements.

D. Quelle doit-être sa largeur ?
R. Sa largeur prise de l'angle supérieur de droite et du contour inférieur est de 2 corps.

D. Comment exécute-t-on la majuscule F ?
R. La première partie de la majuscule F s'exécute comme la première partie de la majuscule P. La seconde partie se commence de la même manière que la seconde partie de la majuscule P, mais elle se termine par un jambage composé horizontal.

D. En combien de mouvements la majuscule F doit-elle être saccadée ?
R. La première partie se saccade en trois temps, la seconde en deux temps.

D. Quelle doit-être la largeur de la majuscule F?
R. La largeur de la majuscule F est de deux corps comme la majuscule I.

D. Que représentent les exercices placés sur la 3.e ligne de l'ex. n.° 19 ?
R. Les exercices placés sur la 3.e ligne représentent les majuscules A, M, N, I, F, exécutées par un mouvement continu en revenant un grand nombre de

6

fois sur le même contour. (Voir la 16.e leçon pour le but de ces exercices leur mouvement général d'exécution.)

D. Comment les majuscules de la 4.e série se lient-elles dans leur exécution continue ?

Les deux points final et initial des majuscules A, M, se lient en ajoutant à spirale une courbe formant la boucle et continuant le mouvement de l'elli[pse] directe.

Les deux points de la majuscule N se lient en ajoutant à la spirale une cour[be] formant la boucle et exécutant un jambage composé inverse qui traverse [la] lettre pour rejoindre le point de départ.

Les deux points de la majuscule I se lient en ajoutant à la spirale une courbe fo[r]mant la boucle et continuant le mouvement de l'ellipse inverse pour rejoin[dre] le point de départ. Les différents points de la majuscule F se lient d'abord réunissant la 1.re partie à la 2.e, à l'aide d'un mouvement d'ellipse inverse, [et] la 2.e à la 1.re, à l'aide d'un mouvement d'ellipse directe formant la boucle.

2.e Procédé. (*Dans les bancs.*) Tracé des majuscules de la 4.e série.

3.e Procédé. Dictées orthographiques.

XX.me LEÇON. — Exemple n.º 20.

MAJUSCULES. 5.me Série.

1.er Procédé. (*au tableau.*)   DÉFINITIONS.

D. Que renferme la 1.re ligne de l'exemple n.º 20 ?

R. La 1.re ligne de l'exemple n.º 20 renferme les majuscules romaines : T, H, K, Z servant de terme de comparaison aux manuscrites placées dessous et formant la 5.e et dernière série.

D. Comment exécute-t-on la majuscule T ?

R. Pour exécuter la majuscule T, tracez une spirale inverse que vous term[i]nerez par un petit jambage composé inverse et dont la base sera à un tiers

D. En combien de mouvements la majuscule T doit elle saccadée ? R. La majuscule T se saccade en sept mouvements.

D. Quelle doit être sa largeur ? R. Sa largeur est de deux corps et un quart prise des contours supérieur et inférieur les plus éloignés.

D. Comment exécute-t-on la majuscule J ? R. La 1.re partie de la majuscule J s'exécute comme la 1.re de la majuscule T, la 2.e comme la 1.re de la majuscule P.

D. En combien de mouvements la majuscule J doit-elle être saccadée ? R. La première partie de la majuscule J se saccade en trois mouvements, la seconde en quatre mouvements.

D. Quelle doit-être sa largeur ? R. Sa largeur prise dans sa partie supérieure est de 2 corps; elle n'est que d'un corps et demi dans sa partie inférieure.

D. Comment exécute-t-on la majuscule H ? R. La 1.re partie de la majuscule H s'exécute comme la lettre T, commencez la 2.e comme celle de la lettre P, terminez-la par une boucle, comme pour la lettre X. La 3.e partie s'exécute comme la lettre C.

D. En combien de mouvements la majuscule H doit-elle être saccadée ? R. La 2.e et la 3.e partie de la majuscule H se saccadent en 5 mouvements.

D. Quelle doit-être la largeur de la majuscule H ? R. La largeur de la majuscule H est de 3 corps prise des contours extérieurs les plus éloignés.

D. Comment exécute-t-on la majuscule K ? R. La 1.re et la 2.e partie de la majuscule K s'exécutent comme la majuscule H, puis partant de l'angle supérieur de droite, tracez un jambage composé direct qui se prolonge de manière à rencontrer la 2.e partie un peu au-dessous de la ligne du centre; terminez comme pour la majuscule R.

D. En combien de mouvements les 2.e et 5.e parties de la majuscule K doivent-elles être saccadées ? R. Les 2.e et 3.e parties de la majuscule K saccadent en 6 mouvements.

D. Quelle doit être la largeur de la majuscule K?	R. La largeur de la majuscule K est de trois corps prise des contours extéri[eurs] les plus éloignés.
D. Comment exécute-t-on la majuscule Z?	R. La 1.re partie de la majuscule Z s'exécute comme la 1.re partie de la ma[jus]cule T, tracez ensuite, en partant de l'angle supérieur de droite une l[igne] oblique jusqu'à l'angle inférieur de gauche, puis exécutez à la distance [d'un] demi-corps un jambage composé inverse dont l'élévation doit être d'un d[emi-]corps; terminez ce jambage composé par une spirale inverse, dont la haut[eur] est d'un demi-corps majuscule.
D. En combien de mouvements la majuscule Z doit-elle être saccadée?	R. La majuscule Z se saccade en neuf temps.
D. Quelle doit être sa largeur?	R. Sa largeur est de 2 corps prise des contours extérieurs les plus éloignés.
D. Que représentent les exercices placés sur la 5.e ligne de l'exemple n.o 20?	R. Les exercices placés sur la 2.e ligne de l'exemple n.o 20 représentent les [ma]juscules T, J, H, K, Z exécutées par un mouvement continu en reve[nant] plusieurs fois sur le même contour. (Voir la 16.e leçon pour le but des e[xer]cices et leur mouvement général d'exécution.
D. Comment les majuscules de la 5.e série se lient-elles dans leur exécution continue?	R. Les points initial et final des majuscules T, H, K, Z se lient en ajoutant [une] spirale une courbe formant la boucle et en continuant le mouvement de [l'el]lipse inverse. Les deux points de la majuscule J se lient comme les deux po[ints] de la majuscule F.

2.º Procédé. (*Dans les bancs.*) Tracé des majuscules de la 5.e série.

3.º Procédé.) Dictées orthographiques et analyses.

CINQUIÈME CLASSE. — CALLIGRAPHIE.

XXIme LEÇON. — Exemple n.º 21.

DEFINITIONS.

1.er Procédé. (*Au tableau.*)

Première Ligne.

D. Qu'entend-on par le mot *calligraphie* ?
R. *Calligraphie* veut dire belle écriture.

D. Quelle différence y a-t-il entre la calligraphie et l'écriture expédiée ?
R. La calligraphie se distingue de l'écriture expédiée par des pleins et des déliés.

D. Qu'appelle-t-on *plein* ?
R. On appelle *plein* le trait que l'on obtient en écartant les deux becs de la plume et en appuyant suffisamment dessus pour donner à ce trait une certaine largeur.

D. Qu'appelle-t-on *délié* ?
R. On appelle *délié* un trait menu qui précède ou qui suit immédiatement le plein, et qui est produit par le tranchant droit du bec de la plume.

D. Qu'est-ce qu'un plein croissant ?
R. Le plein que l'on exécute immédiatement après le délié et qui arrive à sa plus grande largeur par une augmentation progressive de la pression de la plume, se nomme plein croissant.

D. Que représente l'exercice placé sur la 1.re ligne de l'ex. n.º 21 ?
R. L'exercice placé sur la 1.re ligne de l'ex. n.º 21 représente une série de pleins croissants, exécutés alternativement d'après la dimension de l'écriture grosse et demi-grosse.

D. Combien distingue-t-on de dimensions différentes dans le corps de l'écriture manuscrite ?
R. On distingue dans le corps de l'écriture manuscrite 4 dimensions différentes : 1.º la grosse, 2.º la demi-grosse, 3.º la demi-fine, 4.º la fine.

D. Quelle est la plus grande dimension de la grosse, et sur quels principes cette dimension est-elle basée ?
R. La dimension de la grosse est de 9 lignes. Cette règle est basée sur ce que les lettres qui dépassent la ligne supérieure du corps devant la dépasser d'un corps d'écriture, celles qui dépassent la ligne inférieure devant également la dépasser d'un corps, et enfin les lettres bouclées devant dépasser d'un corps et demi, il

(50)

s'ensuit que les doigts ont, pour s'allonger et se ployer, une ligne de 3 p[o]
de long, maximum de celle sur laquelle ils puissent, sans que la positio[n]
devienne forcée, obtenir de la plume des effets réguliers.

{ *Première Ligne.*

D. Quelle est la plus grande dimension de la demi-grosse ? — R. La demi-grosse est la moitié de la grosse ou 4 lignes 1/2.

D. Quelle est la plus grande dimension de la demi-fine ? — R. La demi-fine est la moitié de la demi-grosse ou 2 lignes 1/4.

D. Quelle est la plus grande dimension de la fine ? — R. La fine est la moitié de la demi-fine ou 1 ligne 1/8.

D. Sur quelles dimensions la grosse peut-elle varier ? — R. La dimension de la grosse peut varier jusqu'à la dimension de la demi-gr[osse].

D. Sur quelles dimensions la demi-grosse peut-elle varier ? — R. La dimension de la demi-grosse peut varier jusqu'à la dimension de la d[emi-]fine.

D. Sur quelles dimensions la demi-fine peut-elle varier ? — R. La dimension de la demi-fine peut varier jusqu'à la dimension de la fine.

D. Quelle doit être pour toutes ces dimensions la largeur du corps ? — R. La largeur du corps doit toujours être de la moitié de la hauteur.

D. Quel est le but de cet exercice ? — R. Le but du premier exercice est d'instruire sur la formation calligraph[ique] des deux premières parties de la minuscule *m*.

D. Comment exécute-t-on le plein croissant ? — R. Pour exécuter le plein croissant, tracez en partant de la ligne inférieure, [la] liaison précédant le délié, commencez le plein croissant aussitôt après a[voir] formé la courbe supérieure de la demi-ellipse, et de manière à ce que ce p[lein] soit arrivé à sa plus grande largeur, à un quart de corps ; soutenez cette larg[eur] jusqu'à ce que la plume descende sur la ligne inférieure.

D. Quelle est la principale qualité du plein croissant ? — R. La principale qualité du plein croissant est d'être coupé bien carrément [à] sa partie inférieure.

Première Ligne.

D. Que faut-il observer pour arriver à une exécution plus hardie et plus régulière du plein croissant ?

R. Pour arriver à une exécution hardie et régulière du plein croissant, comptez en saccadant les mouvements *un* pour la liaison et le délié, *deux* pour le jambage, *trois* pour ramener horizontalement le bec de la plume de droite à gauche (ce dernier mouvement indique assez que l'on ne doit pas lever la plume aussitôt après qu'elle est descendue sur la ligne inférieure). Le maître peut rendre cette explication plus sensible en faisant exécuter le plein croissant avec une plume sèche, ou en figurant les deux becs de la plume avec l'index et le doigt majeur de la main droite.

D. Quel est le mouvement général d'exécution du plein croissant ?

R. Le mouvement général d'exécution du plein croissant est celui de la demi-ellipse supérieure inverse.

D. Qu'est-ce qu'un plein décroissant ?

R. Le plein que l'on exécute en commençant par la plus grande largeur, et qui arrive au délié par une diminution progressive de la plume, se nomme plein décroissant. Ce plein est l'opposé du plein croissant.

Seconde Ligne.

D. Que représente l'exercice placé sur la 2.e ligne de l'ex. n.° 21 ?

R. L'exercice placé sur la 2.e ligne de l'ex. n.° 21 représente une série de pleins décroissants, exécutés alternativement d'après les dimensions de l'écriture grosse et demi-grosse,

D. Quel est le but de cet exercice ?

R. Le but de cet exercice est d'instruire 1.° sur la formation calligraphique des lettres *i*, *u*, *t*, *j* ; 2.° sur celle des lettres *l*, *b*, qui ne doivent pas être bouclées dans l'écriture grosse et demi-grosse ; 3.° sur la 2.e partie des lettres *a*, *d*, *g*.

D. Comment exécute-t-on le plein décroissant ?

R. Pour exécuter le plein décroissant, la plume étant posée sur le papier, tracez, en comptant *un* et allongeant les doigts, une liaison de la ligne inférieure à la ligne supérieure, *deux* pour dégager le bec de gauche, que vous rejetez horizontalement à gauche à la distance nécessaire pour obtenir la largeur du plein, *trois* en ployant les doigts pour obtenir une pression égale jusqu'à ce que vous soyez arrivé à un quart de corps de la ligne inférieure. Diminuez alors la pression pour arriver au délié. Recommencez à compter *un* pour remonter la liaison.

(52)

Seconde Ligne.

D. Comment exécute-t-on la lettre calligraphique *j* ?
R. Pour exécuter le plein décroissant de la lettre calligraphique *j*, soutenez le plein à un corps au-dessous de la ligne, diminuez ensuite la pression jusqu['à la] longueur prescrite (1/2 corps), bouclez et terminez comme pour l'écriture [ex]pédiée.

D. Quelle est la principale qualité du plein décroissant ?
R. La principale qualité du plein décroissant est d'être coupé bien carré[ment] dans sa partie supérieure.

D. Quel est le mouvement général d'exécution du plein décroissant ?
R. Le mouvement général d'exécution du plein décroissant est celui de la d[emi-]ellipse inférieure directe.

2.° Procédé. (*Dans les bancs.*) Tracé des deux exercices étudiés au 1.er Procédé.
3.° Procédé. Dictées orthographiques et analyses.

XXII.me LEÇON. — Exemple n.° 22.

DEFINITIONS.

Première Ligne.

1.er Procédé. (*Au tableau.*)

D. Qu'est-ce qu'un plein mâle ?
R. Le plein que l'on obtient à l'aide d'une pression uniforme dans toute sa [lar]geur, se nomme plein mâle.

D. Que représente l'exercice placé sur la 1.re ligne de l'ex. n.o 22 ?
R. L'exercice placé sur la 1.re ligne de l'exemple n.° 22 représente une séri[e de] pleins mâles, exécutés d'une extrémité de la ligne à l'autre, et tracés d'apr[ès la] dimension de l'écriture grosse.

D. Quel est le but de cet exercice ?
R. Le but de cet exercice est d'instruire sur la formation calligraphique de la[quelle] partie des lettres *h*, *k*, qui ne se bouclent pas dans l'écriture grosse et d[emi-]grosse, de la 1.re partie de la lettre *p*, et de la 2.e de la lettre *q* qui peuvent [être] ainsi exécutées.

D. Comment exécute-t-on le plein mâle ?
R. Pour exécuter les pleins mâles, tracez une liaison comme pour le plein c[rois]sant, comptez *deux* pour rejeter à gauche le bec gauche de la plume, *trois* [pour] descendre en soutenant le plein, *quatre* pour ramener horizontalement le [bec] de la plume de droite à gauche.

<table>
<tr><td>D. Quelles sont les qualités du plein mâle ?</td><td>R. Les qualités du plein mâle sont d'être commencé bien carrément, bien soutenu, et d'être terminé bien carrément.</td></tr>
<tr><td>D. Quel est le mouvement général d'exécution du plein mâle ?</td><td>R. Le mouvement général d'exécution du plein mâle s'opère en ployant ou allongeant les doigts dans une direction parallèle à l'obliquité de l'écriture.</td></tr>
<tr><td>D. Qu'est-ce qu'un plein mixte ?</td><td>R. Si le plein que l'on exécute est formé de la réunion du plein croissant et du plein décroissant, on le nomme plein mixte ou mélangé.</td></tr>
<tr><td>D. Que représente l'exercice placé sur la 2.e ligne de l'exemple n.o 22 ?</td><td>R. L'exercice placé sur la 2.e ligne de l'exemple n.o 22 représente une série de pleins mixtes, tracés alternativement d'après les dimensions de la grosse et de la demi-grosse.</td></tr>
<tr><td>D. Quel est le but de cet exercice ?</td><td>R. Le but de cet exercice est d'instruire sur la formation calligraphique des lettres c, o, e, u, v, z, s, x, et sur celle des parties mixtes des lettres m, p, n, k, h.</td></tr>
<tr><td>D. Quels sont les principes de formation des lettres ou parties de lettres à pleins mixtes ?</td><td>R. La formation de chacune de ces lettres ou parties de lettres s'opère à l'aide des principes prescrits pour les pleins croissants et décroissants.</td></tr>
</table>

Seconde Ligne.

2.e PROCÉDÉ. (*Dans les bancs.*) Tracé des deux exercices étudiés au 1.er Procédé.
3.e PROCÉDÉ. Dictées orthographiques et analyses.
Les élèves doivent en écrivant se conformer aux principes calligraphiques.

XXIII.me LEÇON. — Exemple n.o 23.

1.er PROCÉDÉ. (*Au tableau.*)   *DEFINITIONS.*

D. Que représente l'exercice placé sur la 1.re ligne de l'exemple n.o 23 ? — R. L'exercice placé sur la 1.re ligne de l'exemple n.o 23 représente la série des pleins croissants et décroissants de la 21.e leçon, exécutés alternativement d'après la dimension de l'écriture demi-fine et fine. (Voir la 21.e leçon pour le but de ces exercices et le mouvement d'exécution.)

(54)

D. Que doit-on remarquer dans ce nouvel exercice des pleins croissants ?
R. On remarquera que la 1.re partie des lettres h, k, qui doit être bouclée l'écriture demi-fine et fine, a été ajoutée dans la série des pleins croissant

D. Que représente l'exercice placé sur la 2.e ligne de l'exemple n.º 23 ?
R. L'exercice placé sur la 2.e ligne de l'exemple n.º 23 représente la séri pleins mixtes de la 21.e leçon, exécutés d'après les dimensions de l'éc demi-fine et fine. (Voir la 21.e leçon pour le but de cet exercice et son m ment d'exécution.)

D. Que doit-on remarquer dans ce nouvel exercice des pleins mixtes ?
R. On remarquera que les lettres b, b, f, qui doivent être bouclées pour l'éc demi-fine et fine, ont été ajoutées à la série des pleins mixtes.

2.º Procédé. (Dans les bancs.) Tracé des deux exercices étudiés au 1.er Procédé.

3.e Procédé. Dictées orthographiques et analyses.

XXIV.me LEÇON. — Exemple n.º 24.

1.er Procédé. (Au tableau.)

DEFINITIONS.

D. Que représentent les exercices placés sur la 1.re partie de l'exemple n.º 24 ?
R. Les exercices placés sur la 1.re partie de l'exemple n.º 24 représenteu progression croissante de l'écriture calligraphique.

D. Quel est le but de ces exercices ?
R. Le but de ces exercices est d'apprendre à écrire dans toute espèce de di sion et de familiariser les élèves avec tous les cas que peut leur prés l'espace dans lequel ils doivent circonscrire leur écriture.

D. Quel est le mouvement d'exécution de ces exercices ?
R. Le mouvement d'exécution de ces exercices s'opère à l'aide des principes crits pour chaque lettre ou partie de lettre en particulier.

D. Que représentent les exercices placés dans la 2.e partie de l'exemple n.º 24 ?
R. Les exercices placés dans la 2.e partie de l'ex. n.º 24 représentent la progr décroissante de l'écriture. (Voir ce qui vient d'être dit pour la 1.re part l'exemple relativement au but de cet exercice et à son mouvement d'exéc

Nota. Le maître aura soin de diviser la page du cahier de l'élève par une diagonale pareille à celle de l'exemple.

que soit le nombre de lignes que puisse contenir chaque partie de cette page, la première partie devra toujours renfermer la progression croissante de l'écriture, la deuxième partie, la progression décroissante. Des mots pris à volonté seront dictés pour cette progression.

2.ᵉ Procédé. (*Dans les bancs.*) Tracé des deux exercices étudiés au premier procédé.
3.ᵉ Procédé. Dictées orthographiques et analyses.

XXV.ᵐᵉ LEÇON. — Exemple n.° 25.
MAJUSCULES CALLIGRAPHIQUES.

1.ᵉʳ Procédé. (*Au tableau.*)   *DEFINITIONS.*

D. Que renferme la 1.ʳᵉ ligne de l'exemple n.° 25 ? — R. L'exemple n.° 25 renferme les majuscules d'écriture calligraphiques.

D. Quels sont les principes d'exécution des majuscules calligraphiques ? — R. L'exécution calligraphique des majuscules comparée avec leur exécution expédiée, ne réclame d'autre principe que l'observation des pleins mixtes figurés sur l'exemple.

D. Quelle est la règle générale à suivre pour les majuscules calligraphiques ? — R. On peut prendre à l'égard des majuscules calligraphiques, la règle générale suivante : chaque fois que la main marche de haut en bas, la partie de la lettre que l'on exécute doit être composée d'un plein mixte ; chaque fois au contraire que la main marche de bas en haut, cette partie se forme à l'aide d'un trait fin et léger comme la liaison.

2.ᵐᵉ Procédé. (*Dans les bancs.*) Tracé des majuscules calligraphiques.
3.ᵐᵉ Procédé. Dictées orthographiques et analyses.

Les élèves doivent maintenant se conformer aux principes prescrits pour les majuscules calligraphiques.

SIXIÈME CLASSE. — ÉCRITURE D'ORNEMENT.

XXVI.me LEÇON. — Exemple n.° 26.
RONDE. *Minuscules.*

1.er Procédé. (*Au tableau.*)   *DÉFINITIONS.*

D. Que représentent les exercices placés sur la 1.re ligne de l'exemple n.° 26 ?
R. Les exercices placés sur la 1.re ligne de l'exemple n.° 26 représentent les éléments en demi-grosse des lettres composant le genre d'écriture auquel on a donné le nom de *ronde*.

D. Quel est le but de ces exercices ?
R. Ces exercices ont pour but d'instruire sur la formation des différentes parties constitutives de ces lettres.

D. Quelle doit être la position du coude droit, de la main et de la plume pour l'écriture ronde ?
R. Pour écrire en ronde, il faut écarter le coude droit du corps, d'environ six pouces, arrondir un peu la main droite, et placer la plume dans la direction de l'avant-bras.

D. Quelle doit être la pente de l'écriture ronde ?
R. L'écriture ronde n'a aucune pente ; les jambages droits forment une ligne perpendiculaire à celle sur laquelle on écrit.

D. Que doit-on observer dans l'exécution des cercles, des ellipses et des boucles ?
R. Dans l'écriture ronde grosse, demi-grosse et demi-fine, les cercles et les ellipses s'exécutent en deux temps. Il en est de même des lettres bouclées.

D. Que représente la 2.e ligne ?
R. La 2.e ligne représente l'alphabet minuscule d'écriture ronde.

2.e Procédé. (*Dans les bancs.*) Tracé des éléments et de l'alphabet en ronde.

3.e Procédé. Dictées orthographiques et analyses. On peut écrire en petite ronde sous la dictée.

XXVII.ᵐᵉ LEÇON. — Exemple n.º 27.
RONDE. *Majuscules.*

1.ᵉʳ PROCÉDÉ. (*Au tableau.*) Tracé des majuscules en ronde.
2.ᵉ PROCÉDÉ. (*Dans les bancs.*) Même exercice qu'au 1.ᵉʳ Procédé.
3.ᵉ PROCÉDÉ. Dictées orthographiques et analyses.

XXVIII.ᵐᵉ LEÇON — Exemple n.º 28.
GOTHIQUE ALLEMANDE. *Minuscules.*

1.ᵉʳ PROCÉDÉ. (*Au tableau.*)   DÉFINITIONS.

D. Que représentent les exercices placés sur la 1.ʳᵉ ligne de l'exemple n.º 28 ?
R. Les exercices placés sur la 1.ʳᵉ ligne de l'exemple n.º 28 représentent les élé[ments] en demi-grosse des lettres minuscules composant le genre d'écriture auquel [on a] donné le nom de gothique.

D. D'où vient à ce genre d'écriture le nom de gothique ?
R. Son nom de gothique lui vient des *Goths*, peuple du Nord, qui se servaient [de ces] caractères.

D. Quelle doit être la position du coude droit, de la main et de la plume pour l'écriture gothique ?
R. La position du coude droit, de la main et de la plume est pour l'écriture go[thique] la même que pour l'écriture ronde.

D. Quel est le but de ces exercices ?
R. Les exercices de cette ligne ont pour but d'instruire sur la formation des diffé[rentes] parties constitutives des lettres appartenant à ce genre d'écriture.

D. Que représente la 2.ᵉ ligne ?
R. La 2.ᵉ ligne représente l'alphabet minuscule d'écriture gothique.

2.ᵉ PROCÉDÉ. (*Dans les bancs.*) Tracé des minuscules gothiques.
3.ᵉ PROCÉDÉ. Dictées orthographiques et analyses.
L'écriture gothique n'étant employée que pour ornement, on ne s'en servira pas pour les dictées.

XXIX.me LEÇON. — Exemple n.° 29.
GOTHIQUE ALLEMANDE. *Majuscules.*

1.er PROCÉDÉ. (*Au tableau.*) Tracé des majuscules gothiques.
2.me PROCÉDÉ. (*Au tableau.*) Même exercice qu'au 1.er procédé.
3.me PROCÉDÉ. Dictées orthographiques et analyses.

XXX.me LEÇON. — Exemple n.° 30.
CHIFRES D'ÉCRITURE EXPÉDIÉE, CALLIGRAPHIQUE ET RONDE.

1.er PROCÉDÉ. (*Au tableau.*) Tracé successif des chiffres d'écriture expédiée, calligraphique et ronde.
2.me PROCÉDÉ. (*Dans les bancs.*) Même exercice qu'au 1.er procédé.
3.me PROCÉDÉ. Dictées orthographiques et analyses.

FIN.

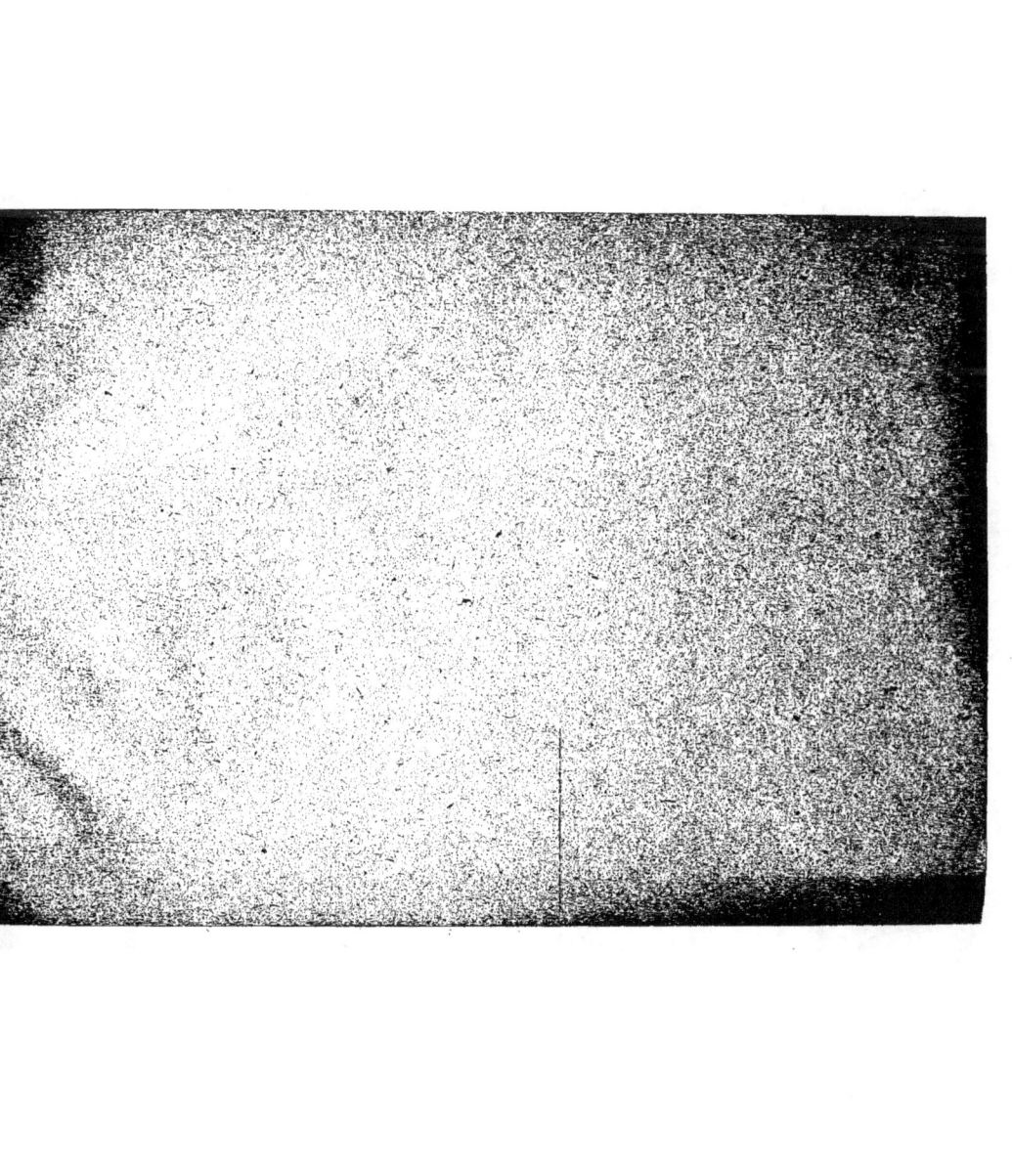

www.ingramcontent.com/pod-product-compliance
Lightning Source LLC
LaVergne TN
LVHW051511090426
835512LV00010B/2477